特朗普大厦位于纽约曼哈顿第五大道 725 号。这里是他的来路，他财富帝国的起点，政治崛起的伏笔，身份认同的象征。 | 作者摄影

帝国大厦之巅的日出时分，曼哈顿岛从灯火中慢慢醒来，

一同苏醒的，还有岛上一整座特朗普财富帝国。 | 作者摄影

华尔街 40 号特朗普大楼。 | 作者摄影

华尔街 60 号德意志银行，特朗普财富帝国的头号“金主”。| 作者摄影

IMPRISON TRUMP 2017
IMPRISON TRUMP 2017
IMPRISON TRUMP 2017
CONGRESS,
I WANT YOU
TO IMPEACH
TRUMP
DON'T LET

NO BAN
NO WALL
NO RAIDS
NY IS FOR ALL
nyic
BAN
WALL
NO BAN
NO WALL
NO RAIDS

2017 年 8 月夏洛茨维尔事件后，纽约数度爆发大规模游行。8 月 30 日，人群在纽约特朗普国际酒店门前聚焦，抗议特朗普政府的种族主义。| 作者摄影

新开业的华盛顿特区特朗普国际酒店。特朗普走马上任后，这里成为富豪、政客与社会名流们的社交心脏。丨作者摄影

富豪政治的悖论与悲喜

陈晨晨　著

世界知识出版社

2018年·北京

图书在版编目（CIP）数据

富豪政治的悖论与悲喜 / 陈晨晨著 . —北京：世界知识出版社，2018.2
ISBN 978-7-5012-5672-3

Ⅰ. ①富… Ⅱ. ①陈… Ⅲ. ①政治经济学 Ⅳ. ①F0

中国版本图书馆 CIP 数据核字（2018）第 014888 号

书　　名	富豪政治的悖论与悲喜 Fuhao Zhengzhi de Beilun yu Beixi
作　　者	陈晨晨
责任编辑	李　锋
助理编辑	张怿丹
责任出版	赵　玥
责任校对	马莉娜
出版发行	世界知识出版社
地址邮编	北京市东城区干面胡同 51 号（100010）
电　　话	010-65265923（发行）　010-85119023（邮购）
网　　址	http://www.ishizhi.cn
经　　销	新华书店
印　　刷	北京新华印刷有限公司
开本印张	787 × 1092 毫米　1 / 16　　14 印张　4 插页
字　　数	172 千字
版次印次	2018 年 4 月第一版　2018 年 4 月第一次印刷
标准书号	ISBN 978-7-5012-5672-3
定　　价	55.00 元

序一
帝国列车的轨迹

丁　刚[①]

我是在横贯美国大西北的火车上开始读这本书的。美国之行的前两天，我收到陈晨晨发来的电子版书稿。书名让我眼睛一亮，它正好与我这次去美国想要了解的一个问题相关：为什么那么多普通白人，准确地说，是那些对现实不满、对未来焦虑的中下层白人民众，会投票支持特朗普这样一个亿万富翁?

陈晨晨出书，我不觉意外。她从记者转为学者，已经到了该有专著的时候。但对她写特朗普，我仍有些惊奇，有一读为快之感。陈晨晨做过记者。我的阅读经验是，优秀的记者总会用一些精彩的故事来描述一些新闻人物或事件的起因与脉络，将读者的思考导向这些人物或事件的背后。

火车上的阅读常常被剧烈的晃动打断。在去餐车吃早餐时，行走在前

① 人民日报社高级记者、中国人民大学重阳金融研究院高级研究员。

的一位美国老太太竟差点儿被晃倒，不知怎么我就突然就联想到了这趟列车的车名——“帝国建造者号”。

这是一条连接美国太平洋沿岸与中西部城市的铁路线，已有近百年历史。可以说，“帝国建造者号”“驶过”了这个国家最辉煌的时代。我乘坐的这趟双层客车是在10多年前改造升级的，车上的设备和部件虽然有些陈旧，但看上去依然十分坚实，与列车的名字颇为相称，它现在应当还是美国最好的客运列车之一。

车速不快，每小时大约六七十公里，有时略快一点，但中途会在很多小站停靠，很像中国的慢车。有关这趟列车的中文介绍说，乘坐“帝国建造者号”是用最短时间一览美国中西部风景的捷径。不过，但凡有在中国乘坐列车经验的旅客，都会对这条线路的路基如此之差感到不解。

一辆有些陈旧却依然坚实的列车，行驶在路基已经不那么平整的铁轨上，会让我们联想到什么呢？还是接着去读陈晨晨写的书吧。

于是，在咣当咣当的车声中，我的视线开始在窗外的景色与iPad的屏幕间不停变换，思绪也慢慢地从以特朗普为代表的富豪政治的崛起，向美国政治架构的深处延伸。

陈晨晨把特朗普所拥有的以不动产为主的企业称为“财富帝国”。“帝国”这个词很容易让人联想到纽约，那里是美利坚帝国的中心，也是特朗普家族的发轫之地。21世纪初，我在那里工作过一段时间，经历了“9·11”事件。但凡到过纽约的人都会明白恐怖分子为什么会选择曼哈顿的世贸大厦作为袭击目标。因为那里不仅仅是帝国的地标，也是全球资本力量的心脏。特朗普通向白宫的轨道从那里铺设而出，陈晨晨对富豪政治的观察也从那里开始。

纽约的外表壮丽而雄伟，它是“美国梦”的终极体现。对一百多年来从自由女神像下不断进入美国的移民来说，它是一种象征，也是一种通过自身努力可以获得的真实。如同书中描写的特朗普大厦的金碧辉煌一样，那些五花八门的摩天大楼与奢华无比的装潢，也展示了资本的力量与在此基础上形成的价值体系。

尽管很多普通美国人从未去过纽约，他们的生活和工作看上去与纽约也没有太多直接联系，他们却是实实在在的“帝国大厦的瓦工”。即使他们已经感觉到那个纸醉金迷的纽约离自己越来越远，他们的生活也依然无法摆脱这个资本力量中心的左右。在他们的精神生活中，纽约也始终没有消逝过。这就是为什么他们在需要对自己和家庭的前途作出关键性抉择时，会毅然决然地把选票投给那个从纽约走出的亿万富翁。这是美国政治的逻辑，它是分裂的，又是统一的。用书中的话说，正是沿着这种逻辑的轨道，“一位亿万富豪‘局外人’的崛起，让美国政治正以极为有趣的方式持续演进”。

相较于10多年前我在美国工作时的体验，此次美国之行，让我看到了更加突出的财富分化与政治归一。一踏上美国，只要有机会，我就会向偶遇的美国人提出陈晨晨书中的问题：为什么特朗普这个大资本家能赢得那么多白人中产的支持？

在火车上用餐时，餐桌对面的两对白人中产夫妇对我的问题作出了几乎一致的回答：“特朗普知道美国该怎么做。”一位50多岁的销售经理说：“那些希望得到更多补助的穷人和移民应当到工厂去工作，到农庄去摘苹果，那里有适合他们的工作。只要努力，他们就不会成为福利的负担。”另一位退休的政府职员更是直言不讳：“我已经辛辛苦苦工作了40多年，而他们呢？总不能直接就站到领取社会保障金的队列后面吧？”

答案似乎已经找到。

美国重新强大的关键就在于找回以盎格鲁—撒克逊的白人价值观为代表的美国精神。要让所有来自不同文化背景的移民都像当年漂洋过海来北美创业的欧洲前辈一样，辛勤努力地工作，政府不应再慷慨解囊，为他们提供福利保障。或者，干脆就把那些想来还没有来的人堵在美国的大门之外。

美国是多元的，但这种多元以一元为基础。美国总统徽章和美元硬币上都印着这样一句箴言——“合众为一”，这就是美国政治的基本准则，多元化绝不能损害这个准则。特朗普所代表的群体有着明确的目标——确保“美国第一”，而这个第一首先要靠“合众为一”来实现。如果把特朗普看作一个唯利是图、只讲实用主义的商人，那就错了。那些把他推上台的选民更为看中的是，他能够为维护美国的传统价值观做些事情。正是这种白人的核心价值观在现实中遭受的创伤，影响了选票的走向。

然而，答案又没有那么简单。

在明尼苏达，一位大学二年级学生在听我讲述了上面的分析之后，耸耸肩说：“他们只看到了表象。的确，有很多人靠着个人奋斗实现了美国梦，但这样的机会越来越少。他们选了特朗普，可他们并不了解，特朗普的崛起不是靠努力打工换来的，而是靠资本的力量换来的。他未必能实现自己的诺言。因为我们不再拥有更多的机会，即便你是白人。”

这位大学生的观点与本书的观点有不谋而合之处。特朗普家族是靠房地产崛起的，而他们对那些高楼大厦的拥有权是由不断积累的资本力量造就的。资本的一个天然特性就是它总会青睐富人。资本越是厚重，就越会青睐富豪。

对于钱能生钱，这位大学生的解释是，它理所应当地包括“钱可以生出更多机会”，而这些机会很可能是穷人、新移民不再可能得到的。明尼那波利斯市郊一家 Punch Neapolitan 比萨连锁店门前的招工启事，让我理解了这位大学生的话。

“招募新工，起薪每小时 11 美元”。2013 年，这家连锁店因率先将起薪提到每小时 10 美元，引发了同行的广泛抱怨，但它的老板却因此受到时任总统奥巴马的接见。在我看到的最新招工启事上，起薪又提升了 1 美元。当地媒体报道说，在这家店工作的 350 多名雇员中，70% 已经通过一年的试工期，拿到了 12 到 13 美元的时薪，这要比美国联邦政府自 2009 年以来一直未变的最低时薪 7.25 美元多出不少。

可以从四个角度来认识这个变动。第一个是我在火车上遇到的那几位白人中产的角度，他们认为美国现在的最低时薪太高，而且雇主还要为他们购买保险，开支太大，这是美国竞争力下降的主要原因之一。

第二个角度是那位大学生的观点：那些拿低薪的雇员里，有多少人能给自己的孩子提供更多机会呢？他们支付得起孩子上大学的学费吗？他们当中即使有人通过奋斗当上了总经理，那也不过只有 10 万美元的年薪（税前），何况这个概率至多是三百分之一。

再换一个角度。时薪 11 美元的工作，会有多少大学毕业生愿意去做？作为暑期打工挣点零花钱也许可能，但作为一项长期固定工作，恐怕没有人会考虑。对于那些热衷于在脸书上发表评论、并且不停追随 iPhone 更新换代的一两代人来说，工厂和农庄并不是他们将来要待的地方。

最后一个角度。在全球化的时代，提升底薪可能意味着工作机会的转移。就业竞争已经演变为一场全球性的激烈博弈。

资本在世界范围内迅速流动着，它遵循着从劳动力价格水平的高地向洼地流动的基本定律。资本在流动中加速积累，也在流动中加速寻找着新的洼地，它不断地把一部分中下层的工作机会转向更低洼地带的另一部分中下层。它的积累也越来越远离劳动与奋斗。当今天的特朗普靠昨天家族积累的资本不断提升自己的身价，那些在洼地里生存的人们拥有的机会越来越少。

法国经济学家皮克提在《二十一世纪资本论》一书中对这一现象作了深入阐述与分析。他认为："在所有社会中，收入不平等都是这两部分的总和：劳动收入不平等和资本收入不平等。这两部分中每一种收入的分配越不平等，总收入的不平等越大。"现在的状况是，资本收入的不平等在加速扩大，"拼爹资本主义"已经重现。

因《世界是平的》一书而为中国读者所熟知的《纽约时报》专栏作家弗里德曼将这一理论与美国的现实"接轨"。他在《皮克提的新书吓坏了谁？》一文中写道："《二十一世纪资本论》一书的真正新颖之处在于，他摧毁了保守派最为珍视的一些错误信条。保守派坚持认为，我们生活在一个靠才能成功的时代，富人的巨额财富都是赚来的，也都是应得的。……第一次世界大战前，西方社会确实是由一个继承了大量财富的寡头阶层把持的。这本书令人信服地阐述道，我们正走在退回那种状态的道路上。"

陈晨晨的新书深刻地触及了这些有关美式资本主义的实质性问题。白人选民指望特朗普能制服资本这匹野马的狂奔，其实是在指望特朗普与成就了自己的那个帝国作对。特朗普帝国的崛起得益于美国赖以强大的资本力量，他成为总统是这个体制走到极端而引发反弹的产物。但是，他因为带有这一体制原产的基因，也必将受制于这一体制。那些支持特朗普的白人们终将明白，当他们在用双手铺就"帝国建造者号"的轨道之时，也为其确定了行驶的方向。

这本书读到一半，我就感觉有点儿像在翻看一张张用铅笔精心画就的建筑结构图册。支撑这幢建筑的立柱是什么形状，它们以一种什么方式组合；整幢建筑的底层、中层与上层又是怎样架设在一起……细致的观察与素描般的描写，再加上形象的比喻与生动的故事，会让很多读者猜到作者的工作经历。

对于陈晨晨的文字表达与观察能力，我早已有所了解。我认识她的时候，她刚刚读完研究生，来环球时报英文版工作，开始用英文写作。从她的英文文章中，我常常察觉到一种中文表述的特殊潜力，并且开始鼓励她给中文版写言论。后来，她的工作让她去到这世界越来越多的地方，她以干净流畅的笔触，呈现所思所感。再后来，她去牛津留学，我读了她其间写的一些文章，她的表述中有了更多独特的个人体验，观察也更为深入细致，还总能有一些发人深思之处。她的新书延续了这样的风格。

在飞回北京的航班上，我读完此书。关上 iPad，飞机已经开始进入亚洲的空域。舷窗外，远处天际线上透射出一道耀眼的橘红色光带，太阳就要出来了。新的一天即将开始。

2017 年 10 月 30 日

序二
为什么误判特朗普

房　宁[1]

特朗普“意外”登上美国权力巅峰，颠覆了以往太多认知。对于各国政府、政治家、专家机构而言，有一个问题值得持续深入的探究：那些建立在长期经验与深厚学术研究基础上的预测判断为什么会全面失误呢？

这种失误并非偶然，常识告诉我们，一定是出现了什么前所未有的重大变故。

不同的时代有不同的学问，不同的时代有不同的做学问的方法。我们所处的时代，是一个实践把理论甩在后面的大变革时代。我们的研究须用更加科学的方法，去透视这个时代。眼下我们的政治学研究、尤其国别研究还相当简陋，尚没有有效的方法论体系。作为研究者，我们怀揣冒昧，又壮志满怀，希望能为国别政治研究的专业化做一些努力和尝试。

① 中国社会科学院政治学研究所所长。

透视特朗普现象背后特殊的时代因素，正是进行这一尝试的重要契机。陈晨晨的新书，就是这样一次尝试。特朗普上台的特殊性，可能远远超出我们眼下的想象与认知。我想我们仍需花费许多时间和精力，去研究这种特殊性，研究它在美国乃至人类政治发展史上的划时代意义。

用美国前总统卡特先生的话说，每一次美国大选都是特殊的，而2016年的大选真的十分特殊。在我看来，从竞选的技术层面看，2016年总统大选是史上第一次干预型竞选。政治心理测绘学、大数据方法、人工智能这三项技术的综合运用，将以往美国大选的选举规律颠覆，使大规模的社会控制从理论成为现实。

特朗普阵营购买了英国行为数据公司“剑桥分析公司”（Cambridge Analytica）的数据，大范围、大规模、低成本地收集选民个人信息，分析选民个体的心理特征与行为特点，制订出针对每一位选民的、带有心理干预特征的竞选信息，最终以极高效率在那些具有关键意义的“摇摆州”收割选票，并最终赢得了大选。如果说在漫长的演化史中，现代选举已经成为一种社会控制工程，那么新技术革命促成了这种社会控制工程的一次飞跃，让干预与控制在不知不觉中完成，这在人类政治史上具有里程碑意义。

另一方面，从美国社会结构变化的层面看，我把2016年大选概括为“政治正确性”之争。2015年8月共和党第一次辩论，特朗普开门见山地说：“我对政治正确性不感冒。”实际上他并不是一般地反对“政治正确”，而是要重新建构美国的政治正确性。在这背后是美国深刻的社会分化。在经济全球化与经济金融化的大幕之下，美国社会的经济结构、生产方式、生活方式发生了深刻的变化。美国昔日引以为傲的主流社会被边缘化了，有人称之为“新民粹”，这是特朗普上台的基础性原因。

陈晨晨在她的新书中，着力探究特朗普身后的时代幕布与历史逻辑。这本书的结构独具匠心，她以颇具可读性的“富豪政治”视角切入，从过去写到未来，从特朗普的商人总统身份写起，扩展到他的敌与友，他的大富豪内阁、小圈子政治，以及他身上反衬出来的一个时代的悖论与悲喜。这本书讲了许多有意思的故事，又在讲故事的同时碰触与探讨一系列深层次问题。

比如，如果 1980 年代以来的新自由主义、里根经济学由昔日的极盛渐渐转向新的结构调整，那么特朗普的上台意味着美国社会面临怎样的临界点？特朗普究竟代表谁？统治美国的结构性经济权力是否真的发生变迁？以及在危机与繁荣更迭的周期中，这样一位总统的上台是否意味着资本主义经济运行范式有可能发生改变？这些都促人深思。

政治常常被比喻为黑箱，人们平常看不见它内部的样子，大选在一定程度上打开一扇窗，让人看到比平常更多的东西。在整个人类近代史中，美国大选是世界范围内进入工业化时代以来的第一制度。自 1789 年第一次总统选举以来，美国大选从未间断。它不仅是一种选举制度，更是美国政治四年一次的大会演，是调节整个国家政治关系、获取政权合法性、化解社会矛盾的一次利益大综合。这本书紧扣特朗普上台引发的错愕、慌张与悬念，层层剖析，娓娓道来，对于人们重新认识与把握特朗普时代颇有意义，值得阅读。

在此，我愿向读者推荐此书。是为序。

2018 年 1 月 31 日于北京

目　录

自序
"You're Hired!"

不知多少人和我一样，初识特朗普是在真人秀《学徒》(The Apprentice)里。2004年第一季，十六位商界精英齐集纽约曼哈顿，为成为特朗普商业帝国的一员拼力厮杀。八男八女，一集一场商战，一集淘汰一人。每集末尾，余者尽数返回特朗普大厦的幽闭会议室，等他以戏剧架势现身，宣判一人死刑。十五集，"You're fired"说了十五次。直至最末一次，特朗普同时转向最后一人，眉间倏忽一展："You're hired!"

这一幕印象极深，乃至2017年初，我走在华盛顿新开业的特朗普国际酒店，自旋转梯上二楼，见金色吊灯金色横梁一路铺陈，巨幅星条旗自玻璃天幕垂下，仍难相信他此刻已是白宫新主。特朗普总统宣誓礼前后，华盛顿的气氛唯有"懵"字可形容。至今记得那日拜会的一位华府"老饕"，历经华盛顿四十载政治沉浮的他，面对特朗普胜出已由血脉贲张变成垂眉低目，他怀揣多年的美国政治史经验如今捉襟见肘，竟不知往何处安放这位一路高歌突进击败华府圈内人的地产大亨了。

观察家们慌张折返，从选票地图与美国处境中遍遍重寻政治进程“旁逸斜出”的痕迹，社会学、经济学、政治学的解释一时铺天盖地。然而始终绕不过的，令他毁誉参半、亦令人最初讶异好奇的，仍是新晋总统的第一身份：一位言行张扬的亿万富豪、彻头彻尾的政治局外人。

冲出波西米亚丛林

财富与权力的联姻并非太阳下的新鲜事，然而身处其中的权力精英们对此大多讳莫如深。美国社会学家威廉·多姆霍夫在经典著作《谁统治美国》中，有一场对波西米亚丛林俱乐部的管窥描述。每年 7 月最末两个礼拜，俱乐部秘密会员名单上的政客、富商、社会名流们齐聚旧金山北的波西米亚丛林。一众人野营，射击，饮酒，看戏，听演讲，听交响乐。令波西米亚会员骄傲的是，这场丛林狂欢如今已持续近一个半世纪，多位大公司总裁和共和党总统都曾是会员。最经典一幕当数 1927 年夏天，当胡佛的前任卡尔文·柯立芝总统在华盛顿宣布不再寻求连任，胡佛人还在波西米亚丛林，十位会友立刻聚在他帐篷里，促他表态，立誓支持。

波西米亚丛林是上层世界社交的一个缩影，它隐秘，骄傲，美轮美奂。在无数这样的网络里，财富与权力的交互以既定的规则悄然进行。在竞选、游说、政策研制、民意塑造，或是波西米亚丛林式享乐聚会中，财富的身影无处不在。从外部视角看，商业精英群体低调，稳健，不动声色地扶持代理，他们间接渗透，润物无声，将自身利益与诉求植入决策进程。

相形之下，特朗普是个何其颠覆性的存在。他一不低调，二不甘于扶持代理。对于自己的亿万富豪身份，他奔走相告。“I’ m very very rich”（“我巨有钱”）并非始于他竞选，这一句简直贯穿他的个人财富积累史。《学徒》的粉丝也几乎可以条件反射地想起每一集他重音强调这一句时的摊手表情。

相较于扶持代理，特朗普更想亲自坐进白宫的椭圆形办公室。在1789年以来的美国政治史中，他果真成了第一位直接以商人身份问鼎白宫的人。在身家财富上，纵观开国总统华盛顿以来的美国元首，特朗普的个人净资产值远超他43位[①]前任中的任何一人。

特朗普的竞选策略和执政理念，与他的商业背景密不可分。身为商业精英的特朗普，反复强调以亿万富豪、人生赢家的身份拯救美国，带领美国人走出“输输输”的困境，并且他果真直接走入政治前台，成为最高决策者本身。如果说艾森豪威尔时期以来商人进入内阁已经愈发寻常，那么特朗普以零从政经验的商人身份直接问鼎白宫，反过来将自己的亿万富豪社交圈带入内阁和机要职位，则颠覆性地改写了美国的政治游戏规则。

特朗普的启示

可以说，特朗普上台是超级富豪在美国政治乃至全球政治中的一次显性崛起。身为政治局外人的亿万富豪，以重写政治规则的方式将利益诉求直接纳入决策，这其中包含着许多令人深思的问题。

比如说，在我们的时代，财富正以前所未有的方式和速度扩张，这是否本身就赋予巨贾们空前的权力？超级商业精英的个人财富与他们的政治政策倾向之间，究竟有什么样的关联？而既往那些遵守游戏规则的商业精英，与特朗普式元首是敌是友？他们之间有着怎样的张力和博弈，能否形

① 特朗普是美国第45任总统，以往44任总统中，第22任和第24任是同一人：格罗佛·克利夫兰。

成新的身份认同？再进一步，“特朗普们”上台究竟能否将国家带往更好的未来？

更重要的问题是，如果说在全球化的大幕之下，超级富豪人际网络的潜在影响早已溢出一国界限，全世界的经济精英在联结中彼此趋同，那么特朗普样本是否将在他国不断复制，成为全球政治的新表征？即便难以复制，在财富光速膨胀的时代，一国制度究竟应该怎样改革，从而更好地容纳“准特朗普们”的利益诉求？

对于这些问题的思考需要引入新的维度。在特朗普现象面前，传统权力精英研究颇具启发意义，同时又显出局促的一面。

20 世纪 50 年代，美国社会学家赖特·米尔斯在《权力精英》一书中提出，在二战后的美国，经济、政治、军事三大领域的权力已经高度集中，并且三大领域的权力精英彼此渗透融合，公司富豪、政治领袖与军事将领组成了控制集中权力、拥有共同身份认同的“权力精英”。

在二战过后美国的黄金时代，米尔斯的尖锐警示击中了当时骄傲的知识分子。那时的知识界沉浸于分权制衡的体制优势，并将战后繁荣归结于此。米尔斯则反其道行之，疾呼权力已经高度集中在各领域彼此“连锁”的精英手中。60 年来，围绕这一主张的左右之争从未停歇，但权力精英的存在本身已成共识。

如果说 60 年前的艾森豪威尔时期，公司富豪、军事领袖等“政治的局外人”在内阁担任要职还被当时米尔斯的批判者称为美国政治的“例外”，9·11 事件后军事工业复合体对军控政策的参与，则再次唤起人们对米尔斯主张的重视。如今特朗普干脆将权力精英的“连锁”效应推向极致：商业精英直接入主白宫，成为最高层政治精英本人。

总体而言，既有的权力精英研究者们更多关注的是经济精英间接表达和塑造政治政策倾向的进程，对于特朗普式极致“连锁”效应鲜少涉及。把握特朗普样本需要财富视角下系统细致的追踪与观察：观察一个时代的财富逻辑，观察超级商业精英群体的财富帝国、财富特征、财富观念，以及他们如何登上权力巅峰，如何博弈，如何转身，又在历史的脉络中卷入怎样未知的命运。从这个意义上说，本书是在财富政治学维度上推进权力精英研究的一次粗浅尝试。

回到开头的《学徒》真人秀。组阁是新总统上台后的首个实质性动作，而特朗普的组阁过程，被华盛顿老牌政客和政治记者斥为“白宫版《学徒》”。在当初拍摄《学徒》的特朗普大厦大厅，C-Span 电视台架起摄影机，内阁候选人与昔日的真人秀选手一样，自镜头前鱼贯而过，美国人坐在家里沙发上就可以看到这一切。裁判照旧是特朗普，他甚至发了一条富于炒作感的推特，“知道最终入围者名单的，唯我一人”。最终，他组建了身家空前的富豪内阁，将他认可的人生赢家们雇进白宫。

“如果他在自己公司里搞《学徒》，谁会在乎？但现在他是在美国政府里搞，甚至在全世界搞。”曾供职于小布什政府的共和党人里德·盖伦在特朗普组阁期间愤愤不平。

然而，不管你喜欢与否，不按套路出牌的亿万富豪已经以他的戏剧方式开始了执政之旅。这不仅不是真人秀，恰恰是在全球语境中不可低估的政治现实。眼下整个世界正在看着这个现实。

第一部分
哪一种富豪

1980年代之初，以第五大道725号为地标的特朗普财富帝国拔地而起。与此同时，美国第40任总统里根在经济危机中上台，20世纪新自由主义时代的大幕迅速开启。沿着历史往回看，两件事当时毫无关联，其间却埋藏着特朗普崛起的逻辑。

01
第五大道 725 号

特朗普大厦位于纽约曼哈顿第五大道 725 号。特朗普当选美国总统后，无数政客、巨贾、记者和观光客在此如鲫过江。| 作者摄影

了解特朗普，曼哈顿第五大道 725 号是再好不过的起点。坐落此处的特朗普大厦始建于 1979 年，四年后正式落成开业，几乎贯穿了一整部特朗普财富帝国史。

特朗普大厦彻头彻尾的广为人知，始于 2004 年《学徒》真人秀。不知多少次，十六名选手齐集特朗普大厦顶层，终级大老板身着黑衣，在狂风中训话。他的私人直升机突突降临，在一众人的目送中，镜头拉远，专机升腾，在曼哈顿岛的云影之下，无数摩天大楼之中，特朗普的全玻璃幕墙大厦静默独立，熠熠生辉。

2017 年 1 月搬去白宫以前，特朗普一直住在大厦顶层云巅之上的三层复式豪宅里。在他的财富帝国中，特朗普大厦有太多象征意义，这里是他的家，他的来路，他的圈子。他的名，他的利，他的商业手腕，社会关系，都在这栋建筑的光影里。

美国总统财富史

特朗普生于 1946 年，在漫长的商业生涯中，他的主业是地产商，副业是娱乐明星，唯独与从政毫无关联。2015 年，特朗普宣布参选，却一路被看作娱乐插曲，直到大选结果将美国政治的游戏规则全然颠覆。华盛顿的政治老饕们或血脉贲张或垂眉低目，多年政治经验如今捉襟见肘，竟不知往何处安放这位狂歌突进的纽约大亨。

从竞选到执政，特朗普身上令人最初讶异好奇的，亦令他毁誉参半的，始终是他的第一身份：言行张扬的亿万富豪、彻头彻尾的政治局外人。

在身家数值上，特朗普超越他的所有前任。尽管特朗普自称的“净资产值超过 100 亿美元”饱受外界质疑，比如近年《福布斯》富豪榜上，特朗普身家估值不足 40 亿美元，但这一数值仍然远超他所有前任。事实上，以 2016 年的美元价值计算，从华盛顿到奥巴马，此前所有总统的身家总和不超过 30 亿美元。

一部美国总统的个人财富史，也是一部见微知著的美国经济简史。特朗普的前任中当然不乏富豪，比如国父华盛顿就是富庶的农场主。以 2016 年的美元价值计算，华盛顿的净资产值约 5.8 亿美元，已是特朗普前任中最富有一人，但他的财富身家仍然远不能望特朗普项背。

自华盛顿上台到 19 世纪中期，美国总统们的财富主要源自农场、大型种植园和商品投机。那时没有央行体系与商品监管框架，总统们的身家在市场沉浮中波动剧烈。19 世纪下半叶，是美国总统们相对贫寒的时期。很多总统就任前担任律师，收入几乎全盘来自工资，属于典型的中产阶级，不少总统退休后几乎没有身家可言。

随后是 19 世纪末 20 世纪初以来的财富爆炸时代，大型专业公司横空出世，成为石油、矿产、金融、铁路等行业的财富缔造者。一些总统的财富积累或财富继承来源于此。比如赫伯特·胡佛曾是矿业公司老板，而肯尼迪家族的殷实正是拜老约瑟夫·肯尼迪创下的金融帝国所赐。然而这些总统们的身家大多不足 1 亿美金，与特朗普不可同日而语。

除了身家数值，特朗普与他的前任们一个更本质的区别在于，他是美国历史中第一位以巨贾身份直接问鼎白宫的总统。他的前任中也有人曾经经商，包括矿业大佬胡佛和曾经身为石油公司老板的布什父子。但他们中的所有人在成为总统之前，均已从政。

从这个意义上说，特朗普实在是个颠覆性的存在。在美国政治中，零从政经验的商业精英从未直接登上权力巅峰，他们以扶持代理的形式间接塑造政治，支配联邦政府。相形之下，特朗普直到 2017 年就任美国总统之前，始终致力于财富帝国的建造与拓展。他以高调亮明的零政治资历亿万富豪身份，直接坐进白宫的椭圆形办公室，将他商业生涯中的思维特征与利益诉求带入决策进程。

特朗普商业帝国中心

对于自己的亿万富豪身份，特朗普是十分自豪的。他向来强调自己一手打拼，与那些无所作为的财富继承者不是同路人。自 1980 年代以来，特朗普不止一次声明，他财富帝国中那些万丈高楼平地起靠的是他自己。特朗普的财富帝国，也就是他的地产王国；而这一王国的起点与核心，正是纽约中心曼哈顿。

特朗普出生在纽约皇后区，他父亲老特朗普在皇后区和布鲁克林区开发廉价住宅，历经经济大萧条和二战后的繁荣时代。老特朗普修建的房子成千上万，从白手起家到百万身价。翻阅 1964 年的康涅狄格州《桥港邮报》，还能看到记者发自纽约的一条新闻——《百万富翁说工作就是他的爱好》。"'你得不停跟进跟进跟进，' 58 岁的建筑工兼房产主弗雷德·特朗普说。他已经跟进跟进跟进了大半辈子。"

特朗普并不满足于父亲一生"跟进"的廉价住宅路线。1971 年，老特朗普将 25 岁的特朗普任命为自己地产集团的总裁，特朗普却志不在此，一心进军曼哈顿。带着父亲提供的 100 万美元启动资金，特朗普开始了曼哈顿财富之旅。从一开始，他的商战思维与行事特征就已展现得淋漓尽致。

这种商业思维概括而言有三点。第一，要精于谈判，并且是打包式谈判。在 1987 年自传《交易的艺术》中，特朗普写道，打 1971 年他搬入曼哈顿一所公寓、漫步曼哈顿街头那一刻起，他就看上了第五大道与 57 街交界那块地。当时那里是邦特威·特勒百货公司。1975 年，寂寂无名的特朗普第一次去找老板谈判，他的收购提议被视为荒谬绝伦。三年后契机天降，百货公司濒临倒闭，特朗普软磨硬泡，终于谈妥价格，收购大楼和余下 29 年的土地租期。

然而，他拿不到银行贷款。29 年租期在银行眼中，并不足以支撑他偿还千万巨资。于是特朗普找到土地所有人，提议合资，自己拿出租期，对方以土地作投资，股权各占 50%。特朗普在自传里透露，那时他对贷款已经失去把握，合资是唯一出路，可他不能让土地所有人看出这一点。万幸，对方接受了合资提议。

特朗普着手找人设计雏形，找旁边的蒂芙尼店谈判上空使用权，他的想法是把这片土地统统连起来，“创造一座具有永恒纪念价值的里程碑式建筑”。与此同时，他向《纽约时报》放话，号称自己已将交易锁定，以此吓退来挖他墙脚的收购人。他一点一点创造条件，把他对摩天大楼的本能热情变成现实。

第二，要精于宣传。特朗普曾不止一次论述他对宣传的独门理解。在他看来，再好的东西无人知晓就一文不值，一定要宣传，要造成一种“激动人心的效应”，而“真实夸张、无罪夸大，恰恰是一种极有效的宣传形式”。在特朗普眼中，他本人的真实夸张、愤世嫉俗、特立独行正是吸引媒体免费报道的利器，并且这些报道远远好过花钱买广告，哪怕是负面报道，也好过舆论的波澜不惊。

这一策略太过耳熟。多年后，当他转战政坛，竞选总统，他已将这一策略用得炉火纯青。而特朗普大厦，正是对这一策略的早期践行。

“即便拥有黄金地段，我也一再强调，宣传特朗普大厦比生命还重要，”《交易的艺术》这样写道。在特朗普看来，与同期的竞争者相比，令特朗普大厦大放异彩的正是声势浩大的宣传。当时的竞争者是第五大道对面53街上的现代艺术博物馆大厦。特朗普贬斥对手的广告枯燥无味，“相反，我们集中力量把特朗普大厦吹上天。打一开始，我们就不单单把特朗普大厦当作一座漂亮的大厦。我们把它当成一个大事件，当成某一类有钱人唯一能住的居所，就像城里最热门的门票，我们卖的是一支幻想曲”。

他很清楚，这支幻想曲的受众并非世代富有、喜欢旧式房子的纽约人。他另辟蹊径，欧洲人、南美人、阿拉伯人、亚洲人皆是他的受众。为此，他将特朗普大厦开发成当时纽约罕见的共管公寓，外国买家无须被重重审查约谈拦在门外。然后，他用黄铜瀑布大理石玻璃幕墙，还有看得见纽约四面风景的落地窗，将这支幻想曲点燃。

这正是特朗普多年商业思维的第三个特征：第一眼的“哇哦”效应。对于特朗普大厦，特朗普要的是空阔闪亮、纸醉金迷，甫一走入便叹为观止。他曾经表示，那些金碧辉煌的道具、闪耀奢侈的氛围，为他构筑起一场“特朗普秀”，也许有人不喜欢，但大多数人从骨子里为此振奋，因为这场秀大受欢迎，“到哪里都被人抢购一空”。

今日人们走入特朗普大厦，最先入眼的仍是铺满前厅的意大利粉色大理石，东墙是五层楼高的瀑布，无数反光玻璃映着旋转门边的光影。这正是特朗普当初构造的幻想曲之序，他用这支富丽堂皇的序曲，引人租下昂贵门面，为楼中一套又一套高档公寓买单。

对于这种“哇哦效应”，特朗普信心十足。大厦预售时，他坚决不降价，反而前后加价12次。一些名流与明星找上门来。1983年完工之前，特朗普大厦中的公寓已售出大半。

这种“哇哦效应”也是特朗普自身孜孜追求的。1983年底，他与第一任妻子和几个孩子搬入大厦，最初占用的只是顶层三套三居室中的一套。

1985 年，他接到沙特亿万富豪卡舒吉的邀请，前往第五大道奥林匹克大厦卡舒吉家中做客，卡舒吉的豪宅之大令他叹为观止。“真他妈见鬼！”特朗普后来回忆，“特朗普大厦是我盖起来的，为什么我不该有一套自己想要的公寓！”

特朗普回到家中，立刻着手改建。改造工程历时两年，大厦最上面三层中每层拿出一套公寓，与原先的加在一起，连成三层复式豪宅。黑漆墙、天鹅绒家具与 1950 年代的餐桌点缀其间，一部私人电梯将云巅豪宅直接通向 26 层的特朗普办公室。

三十年后，当特朗普竞选美国总统，他的奢侈人生与草根选民之间的差距令观察家们百思不得其解。《名利场》杂志上有一段反问颇为经典，“特朗普竞选骗局的最大谜团就是，他究竟是怎么说服数百万美国普通白人，让他们相信他是真的在乎他们那些人的。一个住在第五大道云巅之上三层复式粉色大理石豪宅里的人，一个出入乘坐私人波音 757 的人，一个在棕榈滩上有周末庄园、在新泽西有私人马场的人，怎么可能成为那些人的英雄？”

特朗普崛起逻辑的有趣之处，在他的财富起点，在第五大道 725 号已然有迹可循。

特朗普大厦的来客们

特朗普为这座大厦最初奔波谈判时，他在曼哈顿尚且一无所有，而等到大厦预售，他的另一单生意、42 街的君悦酒店业已开张。其后特朗普在曼哈顿不断收购、建造、翻修，他的地产王国中渐渐立起更多酒店、公寓、球场、俱乐部。在纽约之外，特朗普大厦、私宅、酒庄、球场也渐渐拔地而起。他的地产王国遍布全美，包括芝加哥、华盛顿、迈阿密、旧金山、拉斯维加斯，等等。

尽管特朗普的财富王国主要分布于美国境内，数十年间，他从未放弃海外拓展。早在冷战时期，特朗普就飞往苏联，看看有没有什么合作机会。当时的结果可想而知，但其后数十年，在一宗接一宗的海外授权交易中，特朗普品牌被土耳其、印度、巴拿巴、乌拉圭等国的亿万富豪们挂上他们的摩天大厦和高尔夫球场。除了地产生意，特朗普还渐渐成为电视明星，他出演真人秀，举办选美大赛。他的财富王国越发庞大，历经浮沉。而不变的是，曼哈顿第五大道 725 号始终是他的核心。

特朗普本人曾表示，对他而言，特朗普大厦的意义，远远超过一宗生意。他在其中工作、生活，“对它有一种特殊的个人感情”。1986 年，特朗普将土地所有人的 50% 股权也买下。在 1990 年代他本色出演的肥皂剧里，在 2000 年代的《学徒》真人秀中，特朗普大厦渐渐家喻户晓，广为人知。

建筑是历史的证明，而特朗普的地产商身份，令他的历史有迹可寻。最引人注目的，自然是出入特朗普大厦的人。无数商业精英出没大厅，前往 26 层特朗普办公室会面洽谈，当中有密友伙伴，有竞争对手，也有令他头疼的外国暴发户们。他在另一本自传《东山再起》中就曾提到，自己一怒之下将财大气粗的日本富豪轰出办公室大门。

出入此间的还有那些在特朗普大厦住过的名流们，比如 1980 年代买下楼中公寓的《今夜秀》主持人强尼·卡森，还有 1990 年代在此租住、并为特朗普大西洋城赌场站台的迈克尔·杰克逊。更戏剧的是，2000 年，希拉里第一次参加政治竞选，那时她的目标是纽约州参议员。在纽约，特朗普大厦正是她的下榻之所。

到了2016年，特朗普当选美国总统，特朗普大厦顷刻成为政治宇宙中心。在搬去华盛顿以前，特朗普仍在这里办公，他忙着组阁，组同盟，为他从商业帝国到执政之路进行最后的筹谋。有意思的是，他依然彻头彻尾坚持自我，大厅里再次架起电视摄像机，登入权力之巅的终极大老板，像当初在《学徒》真人秀中选拔下属一样，选拔他的内阁候选人。特朗普大厦一时门庭若市，富豪、政客、将领、记者以及全世界的观光客在此如鲫过江。

无论人潮如何更迭，特朗普大厦始终是他身份认同的象征。他从这里奠定他的来路，开启他的圈子，从这里出发，结识更多的地产大亨、财富同盟。在商业帝国的建造途中，他与政府打交道，结识华尔街的金主们，他的财富观念和政策认知日益成型。而这一切，都是他政治崛起的伏笔。

02
哪一种富豪

2017 年夏末秋初的纽约，自由女神像身后山雨欲来。30 年前，美国精英曾经哀叹，终有一天，日本人买走自由女神像的消息就会传来。| 作者摄影

先来看一张2017年特朗普重要资产清单[①]：

纽约华尔街40号大楼，3.93亿美元；

纽约美洲大道1290号大楼，3.47亿美元；

纽约特朗普大厦，2.53亿美元；

纽约东57街耐克城，2.53亿美元；

旧金山加利福尼亚街555号大楼，3.33亿美元；

拉斯维加斯特朗普国际酒店，7900万美元；

美国境内十座高尔夫球场，2.04亿美元；

苏格兰和爱尔兰高尔夫球场，6300万美元；

佛罗里达州棕榈滩海湖庄园，1.6亿美元；

加勒比海圣马丁岛豪宅，1500万美元；

5架私人飞机，3000万美元；

现金 / 流动资产，1.3亿美元；

……

在美国富豪榜上，特朗普算不上身家顶尖，不过单看他的资产清单，至少可以看出两大特征。其一，从他名下产业的历史看，20世纪80年代是他基业奠定、扬名立万的重要时代。其二，从资产类别看，传统房地产业是他的来路，亦是他财富帝国的中流砥柱所在。

在特朗普身上，老特朗普影响深远。特朗普13岁时被父亲送入纽约军校，大学时一面读着名校沃顿商学院，一面帮他父亲打理地产生意。毕业后的特朗普进入父亲公司，初始时跟着收租人敲门，与承包商打交道，可以想见他耳濡目染的是何种财富积累过程。他察言观色，洞悉市场，渐

① 更详细清单见附录三，净资产值来自《福布斯》的测算。

20 世纪 70 年代末，特朗普买进曼哈顿中央车站边的破旅馆，翻修，改建，两年后再开张已是轰动全城的君悦大酒店。｜作者摄影

渐萌生进军曼哈顿的野心。

1978 年，32 岁的特朗普完成曼哈顿第一笔大单，反复谈判后拿到 40 年税费减免加 4500 万美元优惠贷款的条件。中央车站边的破旅馆被他买进，改建，两年后再开张已是轰动曼哈顿的君悦大酒店。很快，特朗普大厦也落成开业，第五大道 725 号成为特朗普财富帝国的地标，和帝国王冠上自始至终的珍宝。

整个 80 年代，特朗普崭露头角名声大噪。其后他几经沉浮，甚至一度从《福布斯》富豪榜上消失，又每每收复失地卷土重来。

在漫长的财富积累史中，特朗普形成了对美国经济结构、政策、利益和目标的根深蒂固的看法。他自 80 年代起振臂疾呼“美国利益”，他所代表的诉求早有土壤。30 多年后，当美国社会的结构性变化终于抵达临界，经济全球化与经济全融化引发的鸿沟空前，多数美国人选择了站在特朗普这一边。

里根末期的《奥普拉脱口秀》

特朗普根深蒂固的观念是什么呢？ 30 年前，在 1987 年 9 月 2 日的《纽约时报》上，特朗普买下整版广告，刊登了一封致美国民众的公开信①。开宗第一句：“日本和其他国家占美国便宜占了几十年。”全文痛批美国对外政策，称美国政客斥巨资保护日本，干涉波斯湾，换回的唯有全世界的嘲笑：沙特人连自己的扫雷舰都不让美国用；而日本人搭上便车，趁势经济崛起，保持日元低位，甩下巨大的贸易赤字让美国人承担。

① 公开信全文译文见附录一。

这封信的结论是：美国政府的征税对象不应该是自己人，应该是盆满钵盈的日本和其他富得流油的盟国们。美国需要保护的不是他人，而是自己，是美国农民，是那些疾病缠身、无家可归的美国人。美国人应当给自己减税，减少赤字，把伟大的国度从困境中解救出来。

听上去是否耳熟？没错，30 年后，特朗普在推特上、电视里、竞选集会的演讲中重复的是一模一样的“美国优先”的逻辑。

在经贸问题和国际政策上，里根执政的 80 年代是特朗普观念形成的重要时期。那时有许多美国商业与政治领袖相信，日本经济很快就要超越美国，原因是日本拥有精良的生产方式，又用高关税门槛将美国商品拦在门外。80 年代，匹兹堡、底特律、芝加哥等“锈带”城市陷入困境，物美价廉的日本钢铁涌入美国市场，大量美国工人失业。与此同时，美国的牛肉、柑橘、烟草、半导体、汽车部件等产品进入日本的谈判停滞不前。

在那时的美国政治辩论中，日美贸易摩擦是头号议题。1984 年，里根第一任期结束之际，美国贸易代表办公室在一份备忘录中直陈，“我们有理由质疑，我们是否浪费了四年时间”。彼时美日首脑间的温情关系被形容为“里根—中曾根”佳话，而这段佳话，在备忘录中被批为“致使日本官员在行事时相信美国不会采取‘过分’行动”的原因。贸易代表办公室敦促里根，第二任期内应就各种贸易问题对日强硬。

1985 年，著名的《广场协议》签订，美元贬值，日元升值，美国试图通过干预汇率刺激出口，重振经济。尽管从后来的历史往回看，日本经济山雨欲来，《广场协议》终成日本泡沫经济破灭的起点，但当时对于特朗普这样的商人而言，紧接 1985 年的，是美国耻辱的五年。

特朗普曾不止一次公开言及他对这段经历的反感。大幅升值的日元让日本人荷包胀鼓，手持大叠美元的日本买家，跨越一整个太平洋大举收购资产。日本人买下洛杉矶闹市区半数房产，买下夏威夷九成以上的酒店和高级住宅。用特朗普的话说，日本人还“买下整座曼哈顿，赚足我们的钱”，“日本正在榨干纽约，必须阻止他们”。

洛克菲勒大楼、哥伦比亚电影公司这些被视为美国象征的资产亦落入日本人囊中。炫耀式资产收购为日本人留下许多离奇传闻，比如在签订收购协议的最后关头，日本富商突然主动要求多出钱，原因只是为了打破收购纪录。在当时的好莱坞电影里，银幕坏人多是日本人。对日本而言，那是镀金的 80 年代，商人们沉浸于“买下美国”的迷酣，留下身后美国精英的怨叹：终有一天，日本人买走自由女神像的消息就会传来。

特朗普不是没有试图与日本人达成交易，然而并不愉快。他在自传《交易的艺术》中这样写道：“在发展经济方面，我对日本人充满敬意，但是说到我的金钱生意，日本人通常非常难合作。首先，他们来见你时，都是一大群人一起，六人、八人、甚至十二人，你想达成任何协议都得说服他们所有人。你也许能说服一个、两个、三个，但要想说服十二个人实在太困难了。”

在自传《东山再起》中，特朗普事无巨细地描述了一位傲慢骄恣的日本巨贾如何声势浩大地来见他，开口就要投资房地产，他毅然将此人轰出门外。特朗普还公开抱怨，在曼哈顿竞标任何一栋大楼都是徒劳的，因为“日本人永远出价更高，就是为了秒杀我们”。

1988年，里根行将结束第二任期时，特朗普上了一次《奥普拉脱口秀》。那时老布什还在竞选，并且上任后仍将面对美国财政赤字、贸易逆差、通胀压力的难题。特朗普斜靠在座位上，手势流畅，口若悬河，像 30 年后的每一次演讲一样，痛陈美国政策让他人活得像国王，自己却连年坐失数千亿美金。

奥普拉问，“你这听上去像是总统范儿的政治演讲，你会不会竞选?”特朗普答道：“可能不会马上，但我永远不排除参选的可能。我真的受够了眼看美国被敲诈。如果我参选，我赢面很大，我觉得美国人也受够了眼睁睁看着美国被榨干。如果我当选，从那些 25 年来占尽美国便宜的人身上，美国会把很多很多钱挣回来。相信我，这一切会改变。”

这是他不能更直白的回答。

始于 1980 年代的烙印

30年后，当特朗普被美国选民送入白宫，观察家们细察“特朗普主义”，将它分解为许多标签：民族主义，贸易保护主义，民粹主义，白人至上主义，等等。从漫长的历史脉络看，所有这些成分都非新近生出，都曾在 19 世纪的美国出现过。

而中间隔着的 20 世纪发生了什么?

政治从来是对资本逻辑的应对，20 世纪的美国经历了两次转向，一次罗斯福新政，一次里根经济学。罗斯福以凯恩斯主义应对 1930 年代的经济大萧条，由此开启战后黄金时代。而面对 1970 年代的石油危机与“滞胀”泥潭，里根以新自由主义纠正政府强力干预的负面效应，促成战后第二次繁荣时代。

20 世纪由此被切割为三个部分，三次繁荣与衰退的更迭周期。20 世纪落幕时，第三个周期尚未完全结束，它一路延续至二战后最严重的衰退——2008 年金融危机。在危机中以“改变”口号上台的奥巴马曾试图调整，但仍未从新自由主义的框架中走出来。

从这一历史脉络看，特朗普试图应对的，是 1980 年代以来繁荣背后业已潜伏的危机，是既往30多年中他曾痛彻体会且强烈反对的、一个让美国支付高昂代价的全球化进程。里根时代的新自由主义在应对美国国内经济问题时是成功的，但接下来的全球化进程却让美国人始料未及地失去了传统产业主导权。

这里的传统产业，包括制造业、基础设施，也包括特朗普的来路——传统房地产业。用美国经济学家杰拉尔德·爱泼斯坦的话说，新自由主义、金融化和全球化成为1980年代以来全球经济变革的三大进程。金融化，即垄断金融资本崛起，凌驾于实体产业资本之上，金融扩张成为经济的修复手段与主导力量。

这一进程导致了美国经济、政治与社会的内部失衡。当大企业纷纷输出制造业，投身风光无限的金融业务，传统产业加速衰落。1980年代，日本商人的炫耀式资产收购，让当时的美国人惊愕目睹了非盎格鲁—撒克逊的全球化推动者。随后日本经济陷入低迷，但在日本“消失的二十年”里，许多发展中国家第一次成功打入制造业产品的全球市场，美国的产业空心化成为无可逆转的趋势。

在1988年的《奥普拉脱口秀》里，特朗普历数日本汽车和录像机横行美国市场、将美国公司击溃无形，而到了2016年，“中国”成为他竞选演讲台上的关键词。

需要指出的是，关于里根、撒切尔的新自由主义与经济金融化之间的确切关系，学界尚有争论；“共生关系论”者有之，“现象与本质关系论”者有之，亦有学者认为二者仅仅是接连出现的关系。无论如何，新自由主义为金融化提供了一个不错的环境，而特朗普从根本上持有的是产业经济逻辑，他反对里根时代以来美国在全球化进程中走向完全金融化与产业空心化，他的个人经验是最直观的佐证。

2016 年的特朗普当选与英国退欧公投一起，让 2008 年仍然云里雾里的人们真切感觉到，1980 年以来这场由美英新自由主义主导的全球化，如今真的已经告一段落了。

从更漫长的历史视距往回看，特朗普无法与罗斯福、里根比肩——作为一种解决方案，特朗普主义从一开始就存在明显的内生矛盾。他更多出于直观的个人经验，而非缜密深远的考量。以贸易问题为例，熟悉特朗普及其贸易政策团队的人披露，"1980 年代那段日本经历具有决定意义"。但毋庸置疑的是，当特朗普的利益诉求恰恰契合了美国社会结构性变化的临界，他拥有了上位的根基。

现在，再次回顾他的财富史：特朗普生于 1946 年，经历了二战后美国的黄金时代，他来自传统房地产业，财富帝国始建于 1980 年代的里根时期。在美国富豪榜上，他并不是最富裕的，关于他的身家数值争议亦不绝于耳，但相较于他财富数值本身，他的资产类别以及他在财富史上形成的观念要重要得多。

特朗普当然不是孤身一人。他背后是一个群体、一种逻辑、一个时代的轨线。当他动了竞选的念头，他首先折返身寻找的，亦是他的同类——那些历经 1980 年代、与他拥有强烈共鸣的美国人。

这些人在平民中有之，在精英中亦有之。这里先提及一人：特朗普的贸易政策塑造者之一、现任美国贸易代表罗伯特·莱特希泽。对，你没有看错，1980 年代里根政府的美国副贸易代表，当时一位敦促里根在贸易问题上对日强硬的人。为了保护美国本土制造业，莱特希泽曾在对日谈判中成功施压、签成协议。与他并肩谈判的人后来透露说："我们一边跟日本谈判，一边倒希望美国在贸易问题上能学一学日本。"

这一切可不是巧合。

03
不可能的民粹主义者

帝国大厦之巅的日出时分，曼哈顿岛从灯火中慢慢醒来，一同苏醒的，还有岛上一整座特朗普财富帝国。| 作者摄影

每一个日出时分的曼哈顿都浸在梦中。第五大道向北，无数塔楼、高厦和教堂的尖顶仍在灯火中沉睡。东面是火烧的天空，南面则天色浅一些，岛屿向南一路延伸、变窄，直至尽头的自由女神。鸽子停在塔柱上，回眸，转身，又扑棱棱飞走。天色一点一点亮起。尖顶，潮汐，大桥，和窗里梦里的人们都被一点一点点亮，一点一点醒来。

一同苏醒的，还有岛上一整座特朗普财富帝国。如果你放大眼前俯瞰图景，财富帝国的细节渐次呈现：中央公园最南端，是彼此相望的特朗普公园大道公寓楼与特朗普国际酒店；向南两个街区，第五大道与57街交口，是特朗普大厦高耸入云的玻璃幕墙；拐入公园大道，一路穿过特朗普旧日金主们的办公大楼，是特朗普初闯曼哈顿时的得意之作君悦酒店；再到下城，华尔街40号特朗普大楼向东，是特朗普在华尔街最亲密的伴侣、旗帜飘扬的德意志银行。

曼哈顿岛上的特朗普大楼们静默耸立，外墙玻璃映出纽约高厦和云巅的光影，旋转门厅里的人宝马轻裘，出入千金。这一整座始于1980年代的财富帝国，是特朗普的来路，亦是他身上最惹人注目的标签。2016年大选期间，外界对竞选者特朗普的第一描述，无一例外是他的富豪身份与资产规模，而这种身份与他的选民根基原本是最天然的矛盾。直到特朗普胜选，许多人仍难以置信，这么一位富商巨贾，究竟如何说服普通白人将自己送入白宫，他怎么可能成为那些人的英雄?

这是一个特别有意思的问题。

富豪特朗普与富豪罗姆尼

2012年，美国媒体曾用同样的质疑困住特朗普的前任——当时的共和党候选人罗姆尼。四年后媒体对特朗普的身份介绍，当时曾被一字不差地用来描述罗姆尼。“如果罗姆尼当选，他将成为美国有史以来最富裕的总统，”2012 年的《福布斯》这样写道，这也是当时美国精英媒体的普遍基调。

观察特朗普的上位，罗姆尼是十分有趣的对照样本。二人同样出生在二战刚刚结束的 1940 年代，同为共和党候选人，同是亿万富豪，同样以右翼姿态参选，无缝对接地先后向白宫发起冲击。

在 2012 年的观察家眼中，罗姆尼的亿万富豪形象对于角逐总统是致命的，富豪身份成为他与选民的天然屏障。2012 年初，罗姆尼斥资 1200 万美金装修加州海滩一栋别墅，他家里那部 5.5 万美元的免下车“汽车电梯”传遍互联网。他又喜好给妻子买名马，单匹价值六位数以上，其中那匹前去参加伦敦奥运会的枣红色“拉法尔卡”，现身于无数政治讽刺漫画。

选战全程，罗姆尼竭力摆脱“不知民间疾苦”的“冷血资本家”形象，财富渐渐成为他身上严重的政治负资产。他的纳税记录更是雪上加霜。与奥巴马公布了过往 12 年纳税记录相比，罗姆尼仅仅公开前一年的报税，并且他的实际税率仅有 14.1%，比一般民众还低。奥巴马阵营就此猛烈追击，将共和党“劫贫济富”的标签贴在罗姆尼身上。严重逃税的质疑逡巡不去，直到罗姆尼大选败北。

与罗姆尼相比，亿万富豪身份为特朗普带来的争议只多不少。外界斥责他拒不公开报税，质疑他资产数据严重掺水。然而，与罗姆尼截然相反，亿万富豪身份不仅没有妨碍特朗普将自己与选民绑定，反而成为他铿锵有力的武器、颠扑不破的护身。特朗普反复强调的逻辑是，他要以“人生赢家”的身份，让美国再次伟大起来，让美国走出“输输输”的困境。这种财富自信与赢家身份转而成为他竞选的加分项。特朗普毫不掩饰地强调，

“我的身家是罗姆尼的许多，许多，许多倍”。

撇开特朗普的逻辑，单从财富身份本身来说，特朗普其实与罗姆尼一样，身处的是一个只属于 1% 人群的世界。自 1980 年代以来，他抨击美国政客“软弱愚蠢”，抨击美国被他人占尽油水，这一切的出发点皆是他浮华世界里的见闻。

回顾 30 年前他在无数报刊、杂志、脱口秀、还有自传里的义愤填膺，他的喋喋不休可谓千篇一律：科威特富商如何在他赌场一掷千金输得精光，还春风满面向他感谢一个愉快的晚上；日本人如何在美国市场赚足油水财大气粗，“花 2000 万美元买我一个公寓，背后还笑我们蠢”；他的第五大道 725 号收购计划如何走漏风声，那些“手攥大把钞票、富得不知买什么好的阿拉伯石油暴发户”冒出来，导致与他成交的卖主想毁约；还有他那些大亨朋友，想去日本做生意却被重重政策门槛拦在门外。最让他气恼的是，美国付出那么多，到头来却是人人喊打的下场，在那么多国家，他甫一下飞机，扑面而来的标语是，“美国佬，滚回家！”

而这一切竟让民众产生那么强烈的共鸣，其实是他始料未及的。在 1987 年有线电视新闻网《拉里·金现场》脱口秀里，拉里·金问特朗普，在他买下《纽约时报》整版、发表痛斥美国对外政策的公开信之后，收到的是什么样的反应？特朗普答：“我们接到好几千通电话。我们受到巨大支持。我从来都没见过这样的事。我真的从来、从来做梦也没想到，就在报纸上登一则广告，说‘喂，我们在犯错，我们本该这么这么做’，能激起这么大反响。”

如果说那时的电话和支持信令特朗普初次感受到他的民意根基，到了 1988 年《奥普拉脱口秀》他斜靠在椅子上滔滔不绝的时候，他已经可以自信地说：“我是受够了，我觉得美国人也受够了。”而到了 1990 年《花花公子》那篇专访，那篇让默克尔和安倍在2017年初访美前特意调出研读的专访[①]，特朗普则直接强调说："如果我去竞选，工人会投票给我。工人喜欢我。我走在大街上，那些出租司机都开始冲窗外大喊大叫。"

换句话说，自1980年代末以来，特朗普越发清楚，一种利益诉求正在引发疯狂的共鸣。1999年，特朗普接近由亿万富豪罗斯·佩罗组建的改革党，寻求以该党候选人身份参加2000年总统竞选。尽管后来不了了之，在1999年的《拉里·金现场》，特朗普在公布竞选意向时大谈税收、医保、美国对外政策，还有《北美自由贸易协定》。

"我不是孤立主义者，可我觉得如果其他国家对你那么不公平，他们应该承担后果，"特朗普说，"美国应该减税，应该重视医保，这会是件特别美好的事，美国可以余下许多钱来。"他用词简单、直接，不讲求学理逻辑，亦没有任何阐释，但从那时直到2016年，不变的是，他的逻辑始终足以唤起受众共鸣。

自1980年代末以来，特朗普收到的公众反应早已让他明白，美国人正在经历何种愤怒与焦灼。在去工业化的浪潮中，在新自由主义主导的全球化大幕前，这种愤怒与焦虑成为民粹主义回流的根基，它跨越阶层，跨越地域，跨越城市乡村，将同样怀抱失落不满的人集结在同一个口号下。在这种口号之下，人与人的身份区别暂时消弭，特朗普式富豪与普罗大众的差别悄然隐匿。到了2016年美国大选，这种失落下的集结已经几乎成为一种条件反射的本能。

在2016年9月《纽约时报》的走访中，55岁、家住肯塔基州希伯伦镇的莎拉·弗林说，她自打看《学徒》起就喜欢特朗普，她相信特朗普说

① 1990年《花花公子》杂志的专访，是一篇全面呈现特朗普个人三观的媒体访谈。专访节选见附录二。

的“让美国再次伟大起来”。在莎拉眼中，她上一代人拥有的才是美国的伟大时代，而她所经历的“早已不是那样的时代了”。

49岁的马克·珀金斯原本在怀俄明州煤矿小城莱特经营一间电器店，光顾他生意的矿工们连年失业，举家离开，他的小店关门大吉。“我现在就干一些零碎电工活儿，我要一直撑，撑到特朗普当选。这儿不会有多少人支持希拉里的。她说起要让我们这样的人失业，把我们这样的人淘汰，说得那么理直气壮。在她那里，我们这些人都是社会的渣滓。”

根据美国人口普查局的数据，1996—2014年间，美国蓝领白人的平均工资收入从40362美元下降到36787美元。而2008年金融危机后，尽管奥巴马任内经济复苏，红利仍未流向普罗大众。2007年，美国家庭收入中值为58003美元，到了2015年，这一数据变成55775美元。换句话说，2016年大选前，美国普通家庭的收入尚未回到金融危机爆发前的水平。俄亥俄、宾夕法尼亚、威斯康星等老工业州的家庭收入中值更是远低于全国水准。

数据曲线的高低起落间是民粹主义的回潮汹涌。从里根政府削弱工会力量、削弱劳工保护、以铁腕镇压工人运动的击打以来，昔日优渥的白人工人早已坠入经济挫折之中。在1980年代中国改革开放、1990年代苏联土崩瓦解后的世界里，工业革命文明的骄傲在海外冲蚀之下不堪一击。科技的进步更是“雪上加霜”。美国近年制造业产出其实连年攀升，但对普通工人于事无补。在科技的变幻间，旧日的饭碗早已荡然无存了。

在这种沮丧与失落面前，究竟谁来替这些蓝领白人说话？民主党的希拉里显然是金融集团与科技精英的代言，而共和党的建制派们同样相信，在新自由主义主导的全球化进程中，旧手工业理应转移到“第三世界”、在美国自然消亡，那些损失自会由高附加值的智能技术与信息服务补上。

民粹的外衣

在政论家与学术界的讨论中，对于特朗普本人究竟是不是民粹主义者，存在很大分歧。有人认为显然是，有人认为否。后一种观点强调，特朗普身上的民粹主义，本质上是裹着民粹外衣的精英主义；民粹主义只是特朗普的一件工具，他以此最大程度地把人与人、把人与自己绑在一起。

撇开民粹主义定义本身的模糊吊诡，我倾向于后者：民粹主义是他的一件武器，一件他越发清晰意识到的强大武器。特朗普从未涉足政治的巨贾身份，让他成为局外人的强烈象征，民粹主义反过来又在他身上找到共鸣。于是对“局外人”特朗普而言，1980 年代以来美国社会日渐回潮的愤怒与焦躁，统统可以导入一套反建制的话语，这正是特朗普处理所有重大政策议题的套路。

而建制与反建制，恰恰是富豪罗姆尼与富豪特朗普的根本分野，是他们竞选命运天差地别的原因所在。

罗姆尼几乎是他父亲的翻版。老罗姆尼曾经担任美国汽车集团主席，弃商从政后连任三届密歇根州州长。1968 年，老罗姆尼竞选总统，在党内提名阶段败给了尼克松。尼克松上台后，将老罗姆尼带入内阁。从人生轨迹上说，罗姆尼跟他父亲十分相像——早年经商，商而优则仕，仕而优则角逐总统，走的是中规中矩的从政之路。身为贝恩资本创始人的小罗姆尼，47 岁展开政治生涯，2008 年第一次角逐总统前，他已经完成第 70 任马萨诸塞州州长的任期了。

罗姆尼是典型的共和党建制派，特朗普则是彻头彻尾的政治局外人。建制派背负着利益妥协置换得来的权位，深谙政治的禁忌与雷池。更重要的是，建制派背负党派的政治正统与政策红线。在共和党人普遍认同的自由贸易、海外义务、维系北约、维系欧盟等问题上，建制派可以诸多批评，但不会突破底线。这是共和党前后两位候选人的天壤之别。

在竞选姿态上，二人的确有一些相似点。选战中的罗姆尼也曾频繁攻击中国偷走美国工作、窃取美国知识产权，宣布“上任第一天就要将中国列为货币操纵国”。在移民问题上，罗姆尼联手高举“右翼”旗帜的竞选搭档保罗·瑞安①，发表著名的“自我驱逐出境”论。他强调通过严苛的就业法律，让非法移民找不到饭碗，自行离开美利坚。在国内经济政策上，罗姆尼也强调就业、减税、削减政府赤字，强调废除奥巴马医疗改革方案、开发替代能源、实现能源独立。

然而，相较特朗普的“异端邪说”，罗姆尼至多是个温和的正统。在重大政策议题上，特朗普直接代入的，是他商业世界里的零和经验。以贸易问题为例，在特朗普眼中，不公平交易意味着你死我活、你活我死，贸易的前提必须是公平，否则不如关门送客不交易。

在美国的盟友关系上，特朗普向来嗤之以鼻，自 1980 年代以来他早已烦透了白宫决策的“软弱愚蠢”，令盟国坐收渔利又以怨报德，令美国沦为笑柄而不自知。在他看来，一些外交政策谈判早该交给精明强悍的商人们。

而在非法移民问题上，特朗普直接挑战两党均无人碰触的“政治正确”。即便是罗姆尼的“自我驱逐出境”论，强调的也只是现有规则体系内的改革。反观特朗普，他所有具体政策议题背后的整体立场，正是对“政治正确”与政治正统本身的反胃和嘲讽。与特朗普相比，共和党内部所谓的反

① 当时的众议院预算委员会主席，现在的众议院议长。

建制主义运动，包括茶党崛起，皆是小巫见大巫了。

在民粹主义的社会语境中，特朗普竞选身份的格格不入反而为他赢得了一种强大的合法性。在大选过后的梳理中，观察家们发现，从民主党对手希拉里，到共和党提名的角逐人鲁比奥、克鲁兹，在与特朗普的选战中，他们无一不是率先出手，而等到特朗普还击时，支持者们将这种还击视为对方终于的报应。对手攻击得越凶狠，特朗普就越是一个深受认同的局外人。

在支持者眼中，就连两派人马操持的语言都是鲜明对比：一边几乎清一色地承袭了罗姆尼式绅士考究谈吐，一边则是特朗普，操着纽约郊区口音，简单明了、直接粗暴，“把工作拿回来”，“让美国再次伟大起来”。特朗普的出手几乎成为一个隐喻，重重击向所有正统的主义和学识。亿万富豪特朗普，成了一个原本最不可能的“民粹主义者”，在这样的隐喻里，在选民的想象中。

“蓝墙”轰塌

特朗普胜选后，有一种观点认为，共和党集团内部其实早有计划，用大资本家和大富豪取代职业政客、直接上台，从罗姆尼到特朗普，代表的仍是共和党集团内部的右翼保守主义转向，特朗普并未跳出共和党自身的光谱。

这种观点以选票为佐证：对比 2012 年与 2016 年的民选票数，奥巴马与希拉里得票十分相近，而共和党的内部差异，即罗姆尼与特朗普的落差，亦小于希拉里与特朗普的差距。换句话说，两党各自能够动员的票仓规模已经处于稳定水平，至于罗姆尼败而特朗普胜，只是历史极微小的变量而已。

这种观点的失误在于，它直接忽略了票仓内部颠覆性的迁移。2016 年大选，特朗普的民选票数其实是低于希拉里的，正是票仓地图上的结构性颠覆，让特朗普取得了选举人团投票的决定性胜利。如果说当初罗姆尼代表了共和党内部的妥协与风向，特朗普则以局外人身份塑造风向，他将自己需要的力量组装起来，一路突进狂飙。

2016 年 11 月 9 日，摆在民主党人眼前的，是一张渐次浮现、无可置信的选票地图。从威斯康星州到宾夕法尼亚，既往 30 年来民主党固若金汤的“蓝墙”轰然倒塌，特朗普将威斯康星、密歇根、宾夕法尼亚一一变成“红州”，将民主党人的铁票仓收入麾下。而上一次共和党人在此胜选，已是遥远的 80 年代了。

在更细致的选票数据中，倒戈人群的模样逐渐浮现：工薪阶层，白人，未受高等教育，收入中下，多来自小镇或乡村。2008 年和 2012 年，他们仍然把票投给奥巴马，现如今他们与美国中北部许许多多背景相似的人群一起，转而站在特朗普身后。

需要说明的是，在选票统计的笼统数据中，特朗普支持者的整体收入并不低。事实上，在家庭年收入超过 50000 美元的选民中，特朗普的支持者比例高于希拉里——49% 对 47%。然而决定性的差异来自倒戈的人群。伊利湖畔那些老工业城，2012 年还是支持奥巴马的民主党大本营，四年后特朗普的得票率却高出希拉里 20%。而奥巴马当年轻松拿下的艾奥瓦州，2016 年同样倒向特朗普，并且这种倒戈向东延伸，穿过威斯康星、密歇根，一路抵达东岸新英格兰。

在这种颠覆性的风向里，有数不清的马克、莎拉、水管工乔。对他们而言，即便经济复苏了好几年，乡村、锈带和阿巴拉契亚山脉依然隐没于全球化的潮水里，被精英们遗忘殆尽。他们首先需要的，是对这一事实的承认和愧疚。他们听腻了高高在上的说教，听腻了来自华尔街—华盛顿轴心的任何一人，操着精英范儿的口音，拿自由市场和全球化说教个没完没了。

在这种语境中，特朗普的首要身份不再是亿万富豪，他与他们一样，是烦透了这个轴心的局外人。至于特朗普能建构什么，在划下选票那一刻，他们并不在意。如果在希拉里和特朗普之间只能选一个人，那么，先选一个毁灭者。

04
白人的奶酪

2017 年 8 月夏洛茨维尔事件后，纽约数度爆发大规模游行。8 月 30 日，人群在纽约特朗普国际酒店门前聚焦，抗议特朗普政府的移民政策。丨作者摄影

2017 年夏天，特朗普坐进白宫椭圆形办公室不足七个月，弗吉尼亚州夏洛茨维尔爆发种族暴力流血事件。社交媒体上井喷的照片与视频里，是一张张富于冲击力的白人愤怒的脸。在白人至上主义者与新纳粹分子手持火炬、游行嘶吼的夜光里，在汽车撞向反对派、当场杀死一人的混乱中，在烟榴弹和“邦联旗”下，在那些刻着纳粹纹身、右臂高行纳粹礼的白人身上，你清楚看见两个字：仇恨。

在 2017 年的美国语境中，这种仇恨无惧无饰，直白赤裸。集会者将自身看作美国“政治正确”的受害者，将白宫里的特朗普奉为英雄。前 3K 党头目大卫・杜克在集会中说：“这是美国人的转折点，我们决意要将自己的国家夺回来。我们将履行特朗普的承诺，这是我们的信仰，也是我们为什么给他投票。”

再一次，沿着 1980 年代以来的历史小径，你慢慢看清白人右翼保守情绪与种族歧视如何潜伏、回溯，与特朗普主义达成契合，并在 2016 年成为助他上台的一只推手。然而，同时需要抛出的问题是，在更漫长的历史视线里，如果说 2016 年特朗普上台与英国退欧意味着由盎格鲁—撒克逊白人主导的全球化已经告一段落，而“美国优先”背后的白人至上主义持续发酵，那么，在未来人类发展与财富分配的冲突之中，白人至上主义又将指向谁呢？

在罗伯特・李雕像下

夏洛茨维尔事件在 2017 年的爆发意味深长。事件导火索是夏洛茨维尔解放公园内一座罗伯特・李雕像的去留。罗伯特・李是西点军校的毕业生，内战中声名赫赫的南方邦联军将领。1865 年，南方败局已定而战心尤

美国国会山中的罗伯特·李雕像。 | 作者摄影

盛，李将军力排众议选择投降。一纸和平终结了南北战争，将军归隐弗吉尼亚故土，五年后离开人世。

李将军本人曾多次反对为他修筑雕像和纪念碑，在他看来，内战已经结束，历史的伤疤无须再碰触。但他不知晓的是，在他故去半个世纪后的1920年代，他的雕像在南方各州乃至美国各地一座一座立起来。而又一个世纪后的2017年，对他一座雕像的攻守流血致命，并将新任总统特朗普拖入一场全民的撕裂。

从一开始，雕像的竖立就带有强烈的白人至上主义色彩。1890—1920年代，是邦联雕像与纪念碑的修建高峰期。修建行动的主导者是“邦联女儿联盟”，一个对3K党颇为倾慕的白人组织。借纪念邦联英雄之名，“邦联女儿联盟”试图重建一种历史叙事：白人英雄不是战争的失败者，相反，他们是南方盎格鲁–撒克逊文明的捍卫者；而奴隶制本质上是仁慈的，它把基督教传给非裔野蛮人。

在李雕像一座一座竖立起来的1920年代，《吉姆·克劳法》尚在施行，种族隔离制还是主流意识形态，民权运动远在30年后，而白人，是美国经济、政治与社会资源的绝对主宰。在这样的历史大幕前，那些邦联雕像与纪念碑随处可立，在墓地中，在公园里，然而绝大多数立在法院前庭。它们的潜台词是：走进法院的人，须得以白人法律为尊。

从表面上看，经过20世纪60、70年代的平权运动，自80年代里根开启新自由主义以来，削弱制度性种族主义、坚持多元文化主义的“政治正确”渐渐成为精英与公众的共识。2008年奥巴马作为美国历史上第一位少数族裔总统上台，更被视为此前无可想象的划时代里程碑。

然而隐匿其下的暗流是，1980年代以来的全球化与去工业化，已经将白人掷入经济与身份的双重焦虑之中。如果说20世纪大部分时候，李雕像背后是裹挟在经济政治洪流中少数族裔失落、恐慌、愤怒的心，如今在雕像下高呼自己是“少数”、“被遗忘”、承受“逆向种族歧视”的，是白人。

夏洛茨威尔流血冲突是白人右翼情绪的极端化表达。在目击者的恐慌描述中，20 岁白人青年蓄意杀伤，驾车加速碾向人群，令人想起伊斯兰国的恐怖袭击。而在事发现场的照片里，有一幅是集会组织者杰森·凯斯勒，他站在李雕像下，身后是手持邦联旗和自制盾牌的人群，凯斯勒的身体微微前倾，脸上是欢愉的神情。

凯斯勒召集游行的名义，是反对将李雕像作为奴隶制的影射而拆除。对白人右翼而言，邦联雕像象征着如今亟须被捍卫的历史遗产和白人身份。集会现场高喊着“鲜血与国土”，“白命也重要”，“你们不会取代我们”。而在夏洛茨威尔事件背后更广泛的公众撕裂里，许多邦联雕像的捍卫者对于 1920 年代雕像修筑的历史细节一无所知，或者漠不关心，雕像引发的撕扯已经无关雕像本身。

夏洛茨威尔事件爆发后，特朗普的第一反应是强烈谴责“多方面的仇恨，偏执和暴力”，对白人至上主义者只字未提。这一反应立刻引发更大撕裂。在特朗普拉入总统顾问委员会的商界精英里，有数人立刻辞职，包括默克董事长肯·弗雷泽、安德玛董事长凯文·普朗克、英特尔董事长布莱恩·科兹安尼克，还有美国制造业联盟主席斯科特·保罗。而特朗普原先打算就 1 万亿美元基建投资计划而筹建、同样集结起一众商界领袖的基建委员会也迅速宣告解散。

如果说禁穆令的颁布曾是一个肢解特朗普背后商界精英网络的时刻，夏洛茨威尔事件的发酵是又一个这样的时刻。一些政治组织和民间团体不断发声，号召大公司的头头脑脑们即刻从特朗普的顾问委员会辞职走人。

迫于舆论的一再压力，特朗普声明，始作俑者是“3K 党、新纳粹主义者、白人至上主义者，和其他仇恨团体”。3K 党前头目杜克在推特上喊话：“我建议你好好照照镜子，送你上总统宝座的是白人，不是那些极左们。”

这其中的困境清晰可见：特朗普“美国优先”逻辑的崛起过程，已经和白人优先牢牢绑定；而白人至上主义的不断发酵，反过来又将特朗普自身的命运与美国内外关系掷入更大的未知。

谁是美国人

从竞选全程到执政初期，特朗普在非法移民问题上的承诺与政令是他最可辨识的举动。他的选战顾问们，包括史蒂芬·班农、塞巴斯蒂安·戈卡和迈克·安登，从理论高度粹取他的观点，帮他加强雄辩。不过特朗普本人一向坦承，他对于问题的反应更多出于本能和“常识”，而不是出于某种学术概念框架下的世界观。他的所谓本能与“常识”，说白了就是从“美国优先”逻辑出发处理一切重大议题。

2015 年 6 月，特朗普从纽约特朗普大厦的电梯上走下来，登上讲坛，宣布参选。在讲话中，特朗普指责墨西哥人是“毒犯”、“罪犯”、“强奸犯”。打那一刻起，特朗普竞选全程始终围绕本土主义，并且他将这种本土主义与反建制绑在一起。2016 年 6 月，佛罗里达州奥兰多同性恋酒吧发生枪击事件，9 月新泽西、纽约、明尼苏达遭遇接连恐袭，特朗普的表态是，正是由于奥巴马和希拉里施行松散的反恐和移民政策，这样的后果才无可避免。

在这一逻辑之下，特朗普接连抛出质问，击中白人选民：在美国人自己都连年失业、为工作挤破头的年月，为什么还放那么多非法移民进来抢占饭碗？一些社区拉美裔非法移民面孔越来越多，凭什么让中下层美国人为他们的公共服务负担买单？而这些合法的居民，反过来又为日益拮据的政府补贴争个头破血流，这一切究竟是凭什么？

在美国白人身上，面包和奶酪的不安全感，周遭环境的不安全感，以及白人身份本身的不安全感，三位一体杂糅一处，统统融入特朗普本土主义与反建制的叙事之中。

种族问题的吊诡之处在于，它将所有社会问题裹挟其中，难分难解。例如，蓝领白人经济边缘化心态与种族问题原本是两码事，但在美国政治中，蓝领白人选民已经习惯于从种族视角理解政府的政策。实证调查显示，在蓝领白人选民眼中，奥巴马政府的福利保障政策就是拿白人的钱去贴补黑人，福利扩张的受益者是少数族裔，不是白人自己。

面包奶酪的抢夺里横亘着族群的泾渭之分。社区犯罪和恐怖袭击的阴影里，种族主义情绪与日俱增。而与这些经济焦虑、安全焦虑并行的，则是身份认同本身的焦虑。

对美国白人而言，1980 年代以来全球化带来的最直观改变，是周遭人群的面孔。根据美国人口普查局的数据，白人占美国总人口的比例，已经由 1980 年代之初的八成以上，降到了 2016 年的 61.3%。并且在各个族裔群体中，白人数量的增长是最慢的。2016 年 1 岁以下的婴儿中，白种人已经是少数。人口普查局近年连续发布预测，到 2040 年代，白人将不再是美国多数族裔人群。

一个更重要的问题是，在美国有史以来的族群认同中，白人盎格鲁—撒克逊新教徒是毋庸置疑的主体和基石。2016 年的一个临界意义在于，信仰基督教的白人数量在这一年已经低于美国人口的 50%。21 世纪之初塞缪尔·亨廷顿“谁是美国人”那一问，如今活生生摆到了美国人眼前。

亨廷顿的棱镜

2004年，亨廷顿在《谁是美国人》一书中指出，移民问题、有色人种认同的强化，以及多元文化主义的兴起，对美国的国家特性构成挑战，让盎格鲁-撒克逊新教文化的核心地位饱受摇撼。他在书中写道："移民及其激发的多元文化主义正在消解国家认同的纽带，削弱共同的国家使命意识，美国面临被巴尔干化的危险。"亨廷顿呼吁，美国必须维护白人核心文化的同化能力和统治地位。

那时的亨廷顿预言，对于多元文化主义，美国白人将会产生激烈反弹，反弹的形式是排外主义社会政治运动的兴起，这一运动的参与者主要是工人和中产中的白人男性，他们试图阻止甚至扭转自身社会经济地位的衰落、工作机会的流失、文化传统的歪曲，还有国家历史认同的饱受侵蚀甚至消失不见。

从这个意义上说，在种族问题上，特朗普主义成为对亨廷顿预言的一次现实演绎。"谁是美国人"本质上是亨廷顿"文明冲突论"的国内版本，而特朗普主义扯下亨廷顿学术的外衣，将"政治正确"击碎。自1980年代以来多元文化主义与种族主义的微妙平衡被打破，白人至上主义喷薄而出。

2016年，美国白人福音派基督徒中出来投票的人，占全部投票人数的26%。他们当中，81%的人把票投给特朗普，成为将特朗普送入白宫的重要拥趸。也正因如此，特朗普的执政受到这一右翼保守基本盘的牵制。对于夏洛茨威尔事件，特朗普的表态起先含糊其辞，在舆论的压力下也只是将左右翼各打五十大板，他要尽最大可能避免伤及自己的基本盘。

入主白宫后的特朗普在诸多议题上行动迟缓，但他入职第一周就颁布一系列移民政令，以此迎合他的选民。2017 年 1 月 25 日，特朗普就移民准入与边境安全问题、涉及境内非法移民的执法问题颁布两道政令。1 月 27 日，第三道政令颁布，其中包含引发轩然大波的“禁穆令”，特朗普宣布，在 90 天内全面禁止向来自 7 个伊斯兰国家的所有公民颁发签证或难民许可。

2017 年 7 月，特朗普在华沙克拉辛斯基广场演讲，号召欧美团结起来对抗“激进伊斯兰恐怖主义”。他的华沙讲话慷慨激昂，“我们时代的根本问题在于，西方到底有没有意志生存下去。我们对自己的价值观是否足够自信，可以不惜一切代价来捍卫？我们对自己的国民是否足够尊重，可以为他们守住边界？我们是否愿意维护并且勇于维护我们的文明，不让那些企图颠覆它、毁灭它的人得逞？我今天向全世界宣布，西方永远不会被击碎。我们的价值观将持续下去。我们的人民生生不息。我们的文明终将胜利。”

如果说特朗普主义是对亨廷顿预言的现实演绎，那么以亨廷顿的理论范式为棱镜，可以预见，如果特朗普主义持续挺进，白人至上主义进一步发酵，美国的内外关系将同时陷入文明冲突的困境。

隔离墙的结局

2015年，特朗普宣布竞选总统时承诺，将在美墨边境建造一道隔离墙，并且费用要让墨西哥来承担。就职总统后，特朗普写邮件给他的生意伙伴、迈阿密房地产界的亿万富豪乔治·佩雷斯，问他有没有兴趣修建这道墙。佩雷斯委婉拒绝，身为阿根廷裔的佩雷斯反问特朗普，如果建了这堵墙，他到底该站在墙的哪一边？

特朗普走马上任后，隔离墙迟迟没有动静，支持者们开始质疑他是否立场软化。2017 年 8 月，特朗普声明，国会民主党人是反对隔离墙计划的“阻挠者”，他承诺“哪怕我们不得不关闭政府，我们也要修建这道墙”。9 月 14 日，特朗普发推特再度表明立场：“隔离墙已在修建之中，目前正在翻新旧篱笆和旧围墙，后面还会持续修建。”10 月 26 日，特朗普政府宣布，首批“样板墙”已经完工，准备接受严格验收，工人将使用大锤、电钻、镐等工具检验它的“抗造”程度。

这道墙会是什么模样？在一次与美国同行的交流中，我有位同事半开玩笑地预言：“世界史上所有隔离墙的结局只有一个：保留一小截，成为景点，供全世界游客拍照参观。”

无论修建进展如何，隔离墙是一个极致的象征。在保住美国的“美国性”问题上，墙是最后的攻守，是美国白人的自我封闭，是对外来者的妖魔化，以及对文化效忠的极度强制与渴求。

而一个更重要的问题在于，如果 2016 年特朗普当选、英国退欧已经意味着 18 世纪以来白人主导的世界秩序发生转折，这种转折的未来究竟是什么？如果白人至上主义持续发酵下去，在人类永不停歇的发展中，在发展带来的新一轮财富分配冲突中，谁又是它的矛头所向呢？

对于隔离墙思维，中国人无法袖手旁观。如果说在美国国家安全问题上，特朗普的华沙讲话将“激进伊斯兰”定义为“首要威胁”，那么，在美国与外部世界的经贸关系中，中国则是特朗普眼中的头号敌手。包括亨廷顿在内，不止一位历史学家将中国看作“白人至上主义”的重要对手。在东西方漫长博弈的历史大幕前，中美关系正在经历前所未有的戏剧性的变化。如果说未来世界的进步意味着必须打破白人至上主义，消解西方中心主义，抵达东西方的平衡，和一个新的稳定的合作的世界，中国将毋庸置疑卷入其中。

从这个意义上说，特朗普的崛起逻辑始于全球化中的美国，其效应蔓延向全世界。

第二部分
特朗普的敌与友

一部美国政治史也是一部权力精英的更迭史，而结构性经济权力始终是其根基。如果民粹主义只是特朗普的工具与外衣，他背后真正代表的，究竟是哪一种经济权力？他的出现是否意味着新的经济权力更迭？他究竟是插曲，还是正章？是几声呼喊而已，还是一种资本主义的新方案？

05
特朗普与华尔街

华尔街 40 号特朗普大楼。｜作者摄影

华尔街 60 号德意志银行，特朗普财富帝国的头号“金主”。| 作者摄影

从竞选到上台，特朗普与华尔街的戏剧关系令人兴致盎然。从特朗普的竞选逻辑来说，他要颠破的，是华尔街—华盛顿这一权力轴心。在选战演讲中，他的表述直截了当，“希拉里和她那些投身于全球金融的朋友们想要做的，正是吓住美国，让美国人鼠目寸光，不敢投票，不敢选择更好的未来。而我想让你们放胆想象，如果我们宣告独立，脱离那些带我们步入一场又一场金融危机和外交灾难的精英们，我们的未来该是多么美好”。

在权力精英的更迭史中，华尔街是1980年代以来的经济权力核心所在。如果说从美国建国到内战，掌握权力核心的是杰弗逊所代表的重商主义土地所有者，在内战后的“镀金时代”，工业资本主义精英则是权力的所有人，这种权力一路持续，直至20世纪70年代“滞胀”危机。在1980年代以来的金融资本主义时期，权力转移至摩根大通等金融巨头手中。在繁荣与危机中毁誉参半的华尔街，正是权力游戏的核心、华盛顿政治的支配人。

特朗普对华尔街的态度，由竞选期间的坚决吊打，变成上台之后的暧昧模糊。竞选期间，“排干沼泽”曾是特朗普铿锵嘹亮的竞选口号，高盛则是他集中吊打的贪婪化身。然而等到他上台，从财政部长到贴身顾问，总统本人亲自将“高盛帮”带进内阁，引入高位。

特朗普上位对华尔街究竟是否利好？观察家们莫衷一是，但华尔街上的交易指数是直白的。特朗普甫一当选，美股连涨，坊间称之为“特朗普行情”。特朗普宣誓就任总统当日，华尔街股市以全面上扬收盘，这在过去半世纪的美国总统中属于首例。以颠覆华尔街—华盛顿共谋姿态上台的特朗普，似乎并不是华尔街的敌人。

头号金主

在特朗普的商界生涯中，他对华尔街那一套其实是不认同的。在自传《交易的艺术》中，特朗普提起华尔街上的资产管理经理人时，有段颇有意思的描述。那是1970年代末，特朗普最初闯荡曼哈顿、看中第五大道和57街那块地的时候。他去找邦特威·特勒百货公司谈判，始终未果。几年后契机天降，百货公司濒临倒闭，一名资产管理人走马上任，特朗普第一时间找上门。

“他叫杰克·汉尼根，是企业重整方面的高手。专长是所谓‘修剪’，说难听点，就是把公司拆散。他得不停地卖资产，卖资产，卖资产，摆脱债务，偿付银行，”书中这样写道，“像汉尼根这样的人，来到一家公司，他对那里的人和产品是毫无感情的。也正因如此，他才能做到冷血。”

汉尼根这样以“修剪”为专长的人，正是特朗普对华尔街的最初认知。在他眼中，华尔街太多华而不实的套路、孤注一掷的豪赌。相形之下，房地产是万丈高楼平地起的坚实，是令他最为骄傲的来路。

他的骄傲宣之于口。在1990年的《花花公子》专访中，特朗普对房地产业和金融业有个十分有趣的对比。在他看来，房地产业踏实，接地气，看得见摸得着，甚至带着质朴的归属感。“地球母亲身上有一种极好的东西，地球母亲本身就是地产。如果融资恰当，你其实并没有投入一分一厘。”如果有机会推倒重来，重建财富帝国，“我还选择做房地产”。

记者追问：“股市呢？”

“股市是掷骰子赌博。而房地产是实实在在的，是砖头，是砂浆。”

来自传统房地产业的特朗普，对华尔街远没有如“砖头”、如“砂浆”

般坚实稳固的认同。但请不要忽略，这里还有一句话：投资成功的前提是“如果融资恰当”。而他的融资从哪儿来呢？一个答案颇值得回味：华尔街。

这其实正是特朗普身上华尔街悖论的最初来源。特朗普离不开华尔街。在他财富王国的历史中，他与华尔街交游甚广，关系微妙。在撒切尔—里根的新自由主义时代，经济金融化浪潮汹涌而来。而特朗普所在的房地产业作为资金密集型产业，迅速卷挟在金融化的浪潮之中，与金融业牢牢绑定，共生共荣。

特朗普名下的酒店、赌场、俱乐部、高尔夫度假村向金融业大幅举债并不是新鲜事。他更直接的参与举动是将名下公司上市，发行证券，他本人亦是华尔街股票证券的投资者。金融资产运作是他财富积累的一部分，即便他极力撇清。

在特朗普地产生意的华尔街伙伴中，德意志银行是他的头号贷方。1979年，德意志银行在纽约正式设立分行，最初的办公地点在曼哈顿西57街157号，临近特朗普其后在中央公园南修建的国际酒店和公寓大楼。后来德意志银行搬去华尔街60号，与特朗普的华尔街40号物业仅有数步之遥。

多年来，德意志银行是特朗普商业帝国的华尔街“死忠”。竞选期间，特朗普向联邦选举委员会提交的个人财报显示，自1996年起，在特朗普的商业项目上，德意志银行至少借出25亿美金。2017年6月，已经入主白宫的特朗普再次公布个人财报，数据截至2017年6月14日，财报显示特朗普仍然至少亏欠德意志银行1.3亿美元。

而这些报表中显示的只是最低下限，实际数额要高得多。特朗普竞选团队曾经炫耀式吐槽：“联邦选举委员会的报表就不是为特朗普这样的巨贾设计的。”表中可勾选的资产值范围最高一项只有“5000 万美元以上”，远远低于特朗普财富世界里的数量级。以新开业的华盛顿特朗普国际酒店为例，表中勾选的负债值是“5000 万美元以上”，而德意志银行实际提供的贷款高达 1.7 亿美金。

“唐纳德风险”

金钱游戏里充满高低浮沉、博弈斗争，特朗普与华尔街的共生显然不是一帆风顺的。对特朗普而言，华尔街是金主，也是风险，他一面利用华尔街赚钱，一面保持戒心。

2016 年大选期间，前高盛合伙人罗伊・史密斯公开表示：“特朗普在华尔街的根基与人脉很浅。”这种说法有情绪性的贬低成分，但多少反映了特朗普与华尔街的恩怨。

1980 年代末，特朗普曾放手参与华尔街式豪赌，以他当年的手笔，他被视为曼哈顿岛上最大胆的赌徒。不幸的是，豪赌的结果是他被逼入墙角，处境窘迫，从《福布斯》富豪榜上失踪数年。生意的失败成为他与华尔街大鳄们彼此疏离的发端。

1976 年，新泽西州将大西洋城博彩业合法化，开赌场立刻成为特朗普的心心念念。1987 年 10 月 19 日，“黑色星期一”降临，道・琼斯工业平均指数暴跌。特朗普看准时机，在国际胜地公司股票猛跌之时大幅购入其股票。他从中渔利颇丰，如愿拿下大西洋城泰姬陵赌场。

然而，面对 1980 年代末的股市崩溃与市场灾难，特朗普为赌场注资无门，他无法以事先预想的优惠利率拿到一分钱贷款。昔日的他对垃圾债券嗤之以鼻，调侃“垃圾债券之所以叫垃圾债券，是因为它们真的能让公司变成垃圾”。可眼下他的豪赌别无选择。1988 年，特朗普以 14% 的利率，从美林证券贷入 6.75 亿美元垃圾债券，债台高筑与赌场破产山雨欲来。

1990 年，泰姬陵赌场开业。紫衣羽冠的门童将客人引入大厅，巨型水晶吊灯的光线自镜面穹顶倾泻而下，地上到处铺着从意大利卡拉拉进口的大理石。咖啡厅里镶的是印度壁画，桌上摆着新德里风味的熟食。奢华套房里，黄金希腊立柱环绕着豪华按摩浴池。当时喧嚣的人群哪里可以想见，这里的吊灯日后积满灰尘，地毯破旧不堪，角子老虎机边门可罗雀。开幕式上，特朗普请来摇滚巨星迈克尔·杰克逊，摄影师和记者们蜂拥而至如醉如痴，特朗普走到哪里，人群就跟到哪里。在开业一个礼拜的迷醉狂欢之中，债务的红灯暂时隐匿。

然而事实上，光是美林垃圾债券的利息，每年就高达 9500 万美金。只是一年的光景，泰姬陵赌场就步入破产流程。特朗普和持有他债券的投资人谈判，被迫交出 50% 股权，开始债务重组。

根据事先与债权人签订的协议，特朗普对赌场的控制权陷入被动。订立重组方案时，许多债权人提出，特朗普在管理上的插手“越少越好”。特朗普在新泽西的另外两家赌场也受到拖累，入不敷出，一家是特朗普城堡，一家是特朗普广场赌场。其中广场赌场欠了 5.5 亿美金，特朗普被迫将 49% 的股权交给花旗和其他五家债主。

在特朗普赌场破产重组的过程中，有两个人颇值得一提。一个是华尔街对冲基金大佬卡尔·伊坎——当时泰姬陵赌场债券的最大持有人。另一个是华尔街“破产大王”威尔伯·罗斯——当时罗斯柴尔德公司的高管。伊坎低价购入泰姬陵债券，在关键场合以寥寥数语打压了其他债权人的不满，重组得以迅速进行。罗斯则是泰姬陵赌场破产重组案的直接接管人，他出面调停，为特朗普暂时保住赌场项目本身。

这两个名字很眼熟？没错，2016 年特朗普当选美国总统后，提名罗斯和伊坎担任他的内阁商务部长和监管改革特别顾问。① 他起初力邀伊坎担任财政部长，但被伊坎拒绝。在与华尔街的交手中，伊坎、罗斯这样的人被特朗普视为交情匪浅的“同路人”。

然而，对华尔街上许多其他投资人而言，特朗普是急需避开的“风险”。1990 年代，特朗普名下三座赌场相继破产重组，一些债主和投资人损失惨重，渐渐绕道而行。有投资人痛斥特朗普的自保手腕，说他极少投入自有资金，一味把生意失败的风险转嫁给股票债券持有人，自己照例领着工资奖励，月入斗金。

以高盛为首的华尔街大投行公开斥责“唐纳德风险”。高盛新员工入职培训时甚至受到指示：做好风险管理，远离特朗普式客户。一些与特朗普有合作的华尔街大投行、与特朗普有私交的银行家们，开始避免向他的地产项目贷款。

华尔街对特朗普的旧账念念不忘。直到 2016 年大选期间，股神沃伦·巴菲特还公开嘲讽说：“1995 年，就算猴子去股市投资，回报率也能达到 150%。”巴菲特痛斥，1995 年特朗普酒店和赌场度假村集团上市，其后连年亏损。“那些相信他、被他催眠、买他股票的人，投资一块亏损九毛，几乎血本无归。”

特朗普自己几乎从未谈论过赌场债务的细节。面对媒体，他强调大西洋城时光的春风得意，称泰姬陵赌场为“世界第八大奇迹”。2016 年竞选总统期间，特朗普曾在采访中笼统承认赌场当初为债所困。但在推特上，

① 2017 年 8 月 18 日，伊坎辞去特别顾问一职。他没有像当时接连退出制造业委员会和战略与政策论坛的商界大佬们那样，指责特朗普对夏洛茨维尔事件的表态。在辞职信中，伊坎称自己的离开是为了避免自己的职务引起“党派争吵”。

他的口吻一如往昔："别再说什么我曾经破产。我从来就没破过产，我和很多伟大的商人一样，使用法律维系公司优势——这叫聪明！"

不管他是否承认，赌场帝国的失利让他开始调整商业模式，对金融资本的攻城略地与巨大风险加强戒心。

特朗普公开强调"做自己的银行"。用第一女儿伊万卡的话说，特朗普集团对巨额举债不再感兴趣。2016年大选期间，伊万卡在一次采访中称："所有大银行都打电话来，想要借钱给我们，并且极力自荐，希望参与到我们未来的并购案或者发展机遇中来。但眼下我们对借钱兴致寥寥。我们的投资组合里几乎没什么债务杠杆。"特朗普的表述则是："我不需要钱，我现在现金超过10亿美元，我就自己给自己融资。"

概括而言，特朗普与华尔街恩怨曲折。一方面，历经90年代的赌场投资危机，双方关系极为微妙。除了德意志银行，特朗普的个人财报上看不到高盛、花旗、摩根士丹利等华尔街巨头的身影。与他合作的一些大机构，比如美林证券、纽约梅隆银行，借贷规模也相对较小。

但另一方面，特朗普的财富帝国从未脱离华尔街。从特朗普近年提交的个人财报看，德意志银行仍是他的头号金主。他的第二大"死忠"金主是阶梯资本，一家由瑞银集团前高管创立、规模相对较小的金融公司。

地产与金融的博弈共生

从一部特朗普财富帝国的建造史，可以管窥一部1980年代以来房地产与金融的博弈共生史。二者有对垒，有纠结，但彼此结盟，共荣共生，这是特朗普无法绕开的历史逻辑。

特朗普财富帝国起步伊始，正是工业资本主义与金融资本主义的交叠分界之时。在1970年代的“滞胀”危机中，工业资本主义时代大幕垂下，而金融资本主义的“美好年代”就要开启。

其实1970年代以前，工业资本主义的危机早已显现。19世纪末20世纪初，在资本的全球扩张中，金融资本已经实现过一次金融霸权。只是这一霸权被第一次世界大战与1930年代的经济大萧条打断。在罗斯福上台后的凯恩斯主义时代，金融资本受到严厉打击，工业资本则在政府鼓励之下枝繁叶茂。以福特汽车为代表的工业资本，将美国推入一个“伟大的繁荣时代”。

然而好景不长，1970年代末，金融资本发起全面反击。在“滞胀”危机中，凯恩斯主义难以为继。通胀率居高不下，实际利率跌为负数，产业资本家和工人尚可从中获利，食利者的金融资产却严重贬值。1979年，保罗·沃尔克当选美联储主席；同年，撒切尔夫人就任英国首相。1981年，里根当选美国总统。里根—撒切尔新自由主义时代强势登场，在新一轮全球化浪潮中，金融自由化如虎添翼，金融资本主义以其强势逻辑将整个世界刷新。

这是一个令华尔街风光无限的新世界。那些提着电脑、穿着卡其裤的野心勃勃的年轻人，一夜暴富指日可期。淘金者如潮水来袭。从交易大厅到美发沙龙，财经指数不眠不休，闪烁跳跃。财富的爆炸将财富的定义全然改写，1982年，《福布斯》第一次发布美国400富豪榜时，起步身家只相当于今天的1.59亿美元，其后这一门槛数值一路飙升。银行家、交易员和基金经理们一面日进斗金，一面挥金如土。华尔街成为彻头彻尾的造梦机，阔绰的人群沉浸于直升机、私人游艇、高档俱乐部的纸醉金迷。就像一部电影的名字，《华尔街：金钱永不眠》。

在这场金钱游戏里，特朗普所在的房地产业成为一个十分特殊的存在。

它一头连着消费，一头连着投资；一头连着实体经济，一头连着虚拟经济；一头是工业资本主义过往，一头是金融资本主义文明。

从今天的历史往回看，在既往30多年的金融化浪潮中，房地产业向金融倾斜，实际充当了金融资本洗劫产业资本的重要场地。地产与金融渐渐建立起空前紧密的共生关系，二者一荣俱荣，一损俱损。今天“广义金融业”的定义已经将保险、房地产和固定资产租赁业囊括其中。无论人们回首时如何惋惜产业资本的弱势，痛陈经济金融化和产业空心化的弊病，金融资本对房地产市场的强劲渗透已成事实。

这种渗透的强劲之处在于，它远非早期金融机构对房地产市场的简单融资与授信，而是通过企业金融化和家庭金融化，形成完整的金融链条，将经济的剩余价值统统锁定。

在1980年代的企业金融化大潮中，一些包括房产巨头在内的大企业越发倚重金融投资，他们本身变得越来越像金融公司。原本的企业利润最大化目标，渐渐变为股东利益最大化目标，公司管理者的利益与股东利益捆绑一处，食利者社会权力的质变可见一斑。1995年特朗普酒店和赌场度假村集团上市筹资，发行股票，本质上正是这一进程的一部分。

紧接着企业金融化的，是1990年代的家庭金融化。随着企业金融化和产业空心化，投资需求锐减，金融资本于是将目光锁定消费者。那些在股市繁荣与房价上涨中提振了身家的家庭，如今负债意愿更强。而随着信贷的无原则扩张，消费信贷层出不穷、贷款门槛不断降低，低收入家庭也加入信贷大军。住房抵押贷款的证券化，将无产阶级全面卷入经济金融化的大潮之中。预购房的产权被抵押给银行，银行将房款付给地产商，剩下购房者，穷其一生背负按揭，分期还债。

金融资本家、地产商、消费者自此紧密黏合，资本市场、房地产市场、信贷市场牢固绑定。房地产通过金融资本运作增加了流动性，这种流动性又反过来加快金融化进程。但这里的巨大风险是，任何一点风吹草动都可能光速扩散，形成“多米诺骨牌”效应。日趋庞大的次级债券产品，将低收入购房者的违约风险从房地产市场传导至信贷市场，抵押贷款的证券化又将风险从信贷市场传导至资本市场。在传导过程中，危机愈演愈烈，超出金融部门，传至实体经济，终致经济均衡崩溃，2008 年金融危机全面爆发。

危机之中的地产业与金融业曾经相互指责。特朗普与“死忠”德意志银行，也难免对簿公堂互咬互撕。2008 年，芝加哥特朗普国际酒店陷入困境，特朗普起诉德意志银行为首的几家金融机构，其中还包括他现任财长史蒂芬·姆努钦创立的沙丘资本。特朗普的理由是，金融危机是形同天灾的“不可抗力”，他要求延期偿付贷款，并且索赔 30 亿美金。

然而，二者仍然逃不出捆绑共生的命运。德意志银行反诉后，原告被告们庭外和解。特朗普与德意志银行的投行部门关系终结，但他转而又跟德意志银行的私人银行服务部门结为同盟，并肩作战。

从地产与金融的关系中观察特朗普与华尔街的博弈起伏，可以更好地看清他个人财富帝国建造史中的利益得失、矛盾纠结，看清他与华尔街亦敌亦友背后的历史大势。

特朗普历经美国经济金融化带来的房市繁荣与可怖危机，他亲历了华尔街上的欣欣向荣、财富爆炸，也亲历了豪赌之后的债台高筑，一夕乌有。本能上，他对华尔街是抵制的，他以不依靠华尔街为荣。直到他竞选，他反复强调的是，他靠的是自己的平地高楼起，靠的是脚踏实地的工业文明，并且从自己身上，工人可以找到深刻的共鸣，找回美国正确的前路。他将经济崩坏归罪于金融业，以对抗者的姿态撇清干系，并以此区分希拉里和他自己。

“希拉里永远不会改革华尔街。她本人就归华尔街所有，”特朗普痛斥道。而相形之下，自己是华尔街的天敌，“我了解华尔街。我认识华尔街那些人。我不会让华尔街谋杀后又逃之夭夭。华尔街给我们带来了巨大的麻烦。我不在乎华尔街那些人，我没拿他们的钱”。

然而根据美国知名智库响应性政治中心的数据，特朗普本人竞选期间，单从证券投资业就募得 70 万美元。特朗普竞选总统时的全国筹款主席史蒂芬·姆努钦，正是来自华尔街的前高盛高管。大选期间，特朗普身后长长一串金融业亿万富豪金主名单中，有柯罗尼资本创始人、特朗普竞选的最大金主之一托马斯·巴拉克，有对冲基金大佬约翰·保尔森和卡尔·伊坎，有曾供职高盛的华尔街金融家卢·艾森伯格、斯蒂芬·姆努钦，还有安迪·毕尤、斯蒂芬·范伯格等金融投资人。

无论特朗普个人如何以民粹的姿态逞口舌之快，痛斥华尔街与华盛顿那些将美国引向歧路的精英，无论他的地产交易如何进行利益推挡，负隅顽抗，他始于 1980 年代的财富崛起，始终无法背离与华尔街在博弈中的共生关系。这正是为什么他姿态反复，表态含混。他一面不齿高盛等华尔街大鳄，多次将高盛斥为贪婪与不道德的罪魁祸首，一面又不得不需要华尔街的“友谊”，“我跟所有大银行都是朋友，他们对和我做生意都渴望至极”。

而等他一当选，他忙不迭将多位金融大鳄带入内阁高位，请进总统政策顾问团队。毫无悬念地，上述名单中的金主大半在其中。

资本主义的道路之争

如果说地产商特朗普背后曾是地产与金融的博弈共生，走马上任后的总统特朗普所面对的，则是资本主义发展的道路之争，是工业化与金融化的漫长纠葛，以及美国再工业化与再金融化的纠结前路。

观察金融化与工业化的道路之争以及不同国家的现实选择，是把握自 18 世纪以来人类经济、社会和政治发展史的一大关键。而美国正是了解工业资本与金融资本复杂斗争、透视资本主义经济运行机制的一个理想样本。

自 1789 年美国建国起，工业化与金融化的道路之争始终存在，只不过当时这种斗争不是主流。在当时历史聚光灯下的，是北方工业资本与南方农业资本的争斗。南北战争过后，工业化高歌猛进，保护工业资本成长的民族主义与国家主义成为意识形态的主流。

直到 19 世纪末 20 世纪初，金融资本才第一次取得对工业资本的竞争优势。以摩根士丹利为代表的金融资本强势上升，与福特代表的工业资本矛盾加剧。在第一次世界大战与 1930 年代大萧条的插曲中，金融资本的优势被迫中断。随后代表工业资本力量的罗斯福上台，金融资本成为打击对象，工业资本则是振兴国家的核心力量。20 世纪的工业资本与金融资本一路博弈扭打，直至 1970 年代末一个大幕落下、一个强势登台。

然后便是我们数度讨论的 1980 年代开启。金融化、全球化、新自由主义成为既往 30 多年全球经济变革的三大进程。

然而，金融化道路带来的却是更加频繁的危机。金融化与泡沫化的极致，意味着实体经济与虚拟经济关系极度扭曲，经济根基脆弱飘摇。在经济学家的回眸中，1980 年代以来的金融危机是如此频繁，乃至“崩溃”、“萧条”、“危机”已经成为“金融化”的伴生词。从 1980 年代拉美债务危机、美国储贷危机，到 1990 年代欧洲货币危机、墨西哥金融危机、亚洲金融危机，再到 2008 年国际金融危机、2009 年欧洲债务危机，等等，每一场金融危机过后皆是更大范围的社会与政治危机，以及人们关于资本主义未来的迷茫与激辩。

在悲观的观察家眼中，从1970年代的“滞胀”危机到2008年的金融危机，不过是资本主义从一次漫长危机到另一次漫长危机罢了。

2008年，资本主义再次处于工业化与金融化的十字路口。危机之中以“改变”口号上台的奥巴马，提出“再工业化”政策，用“制造业复兴计划”来推动制造业的回流与复兴。奥巴马告诉工人们，振兴美国制造业、改变美国经济问题，关乎下一世纪能否再次成为“美国世纪”。然而数据表明，自2008年以来的经济复苏，背后所倚赖的力量并非工业化，反而是经济金融化的进一步加深。相比制造业的没落，金融部门的利润率迅速恢复，股市与住房泡沫甚至高于危机前的水平。身为1980年代以来资本积累的根本体制，去工业化与金融化已然积重难返。

2008年以来由股市与住房泡沫拉动的增长、无就业的增长，以及无生产率进步的增长，显然让很多人失望愤怒。而眼下金融驱动下的复苏，究竟是更快新的危机，还是新的繁荣，答案令人不寒而栗。

在这个问题上，特朗普显然是悲观的。他的财富帝国崛起于工业化与金融化交替之际，他的政治崛起则出现在美国“再工业化”与“再金融化”激辩的路口。在这个路口，反金融化的声音铺天盖地，而“再工业化注定失败”的调门同样高亢。

对于美国在金融化中的改变与纠结，特朗普有着最直接的观感。当他竞选时，他可以直白鞭挞，许以承诺，以最不假思索的方式质疑呼喊，握住普通人的心。然而当他上台，他亦身在金融化潮流之中，这成为他的根本掣肘。

从漫长的历史脉络看，从特朗普本人的财富经历与历史位置看，在美国金融资本主导金融全球化的大潮面前，他很难真正提出扭转资本主义经济运行的新的政策范式。他抛出回迁制造业的刺激计划，抛出振兴就业的调整政策，抛出以邻为壑的保护主义，但身为总统，他需要克服他那些情绪性表达之间的内生矛盾，并且，实质性地塑造政策之间的联动，塑造政府部门与政府部门之间、政府部门与自由市场之间的联动。而他自身位置的纠结，注定了这一塑造过程的根本悖论与矛盾重重。

从这个意义上说，特朗普的出现所代表的，并不能算一种新的经济权力更迭。在他身上，更强烈的是一种象征意义，一种反弹。他的出现是一种呼喊，一种对于金融资本垄断经济、酿成全美及全球利益分配失衡，而精英无法将其扭转的失望愤慨。他的那些政策目标建立在直观的、情绪性的表达之上，难以带来资本主义的经济转型，反倒大有可能给世界经济造成负面效应，他的保护主义政策风险尤甚。单看历史，大国的以邻为壑，从来意味着灾难时代的山雨欲来。

相较于罗斯福与里根身后一个时代的开启，特朗普所示人的，更多是破而不立，和几声愤怒的呼喊。

06
大富豪内阁

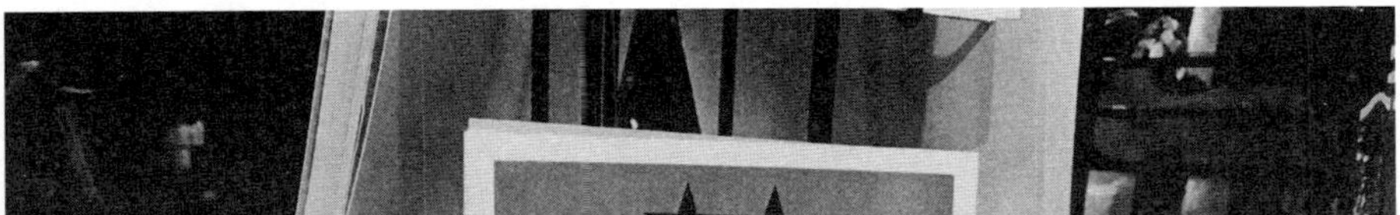

特朗普纪念品商店里的明信片上，印着他最先声夺人的口号，“让美国再次伟大起来”。胜选后的特朗普着手组阁，他强调，就是要让富豪做他的左膀右臂，带领美国再次伟大起来。｜作者摄影特朗普走马上任后，从纽约搬到华盛顿，这是他从商业帝国到执政之路的双城记。特朗普在纽约出生，从纽约起家，纽约是他最熟悉的环境。在他当选后那段准总统时光，他在特朗普大厦26层的办公室里进行最后的筹备。他忙着组阁，组同盟，找部下，找顾问，许多亲密盟友出没于第五大道725号金碧辉煌的大厅。他需要随身携带富豪同盟，与他一同前往白宫，他要将亲自挑选的领袖，安插进华盛顿宪法大道上一栋又一栋政府大楼。

白宫版《学徒》

组建内阁，历来是新任总统上台后的第一个实质性动作。组阁的时机向来微妙：选战大幕刚刚落下，准总统在多数选民的呼喊中，以胜利者的姿态步入权力的舞台。而执政的时日尚未开启，他这段时间里的唯一动作，就是物色即将环绕他身边、助他一臂之力的政府部门领袖们。

在美国政治中，新当选总统第一任期的首批内阁人选，一向有着至关重要的象征意义。美国历史上最明显的政策转折信号，往往来自这批任命。这批人其后可能辞职走人，可能被替换下台，但之后的关注度再也无法超越第一任期的首批内阁，只因那是总统刚刚胜选、而政策前景尚不明朗的时刻，总统借由组阁，开启组建政府、勾勒政策方向的旅程。

特朗普与历任总统一样，当选后即刻着手招兵买马，一方面，他以此回应选民，令他们相信自己大权在握，麾下有人，对自己兑现承诺充满信心。另一方面，他麾下的人选也意味着他所拥有的现实。他的政治机遇，他的政治束缚，皆在其中。

从组阁过程，可以管窥特朗普如何将商界思维直接带入政治巅峰。对于内阁成员，他从选拔到管理都是商业公司式的。他的面试十分简短。那些结束内阁面试、走出特朗普办公室的人在采访中透露，特朗普压根不想听到长篇大论，他只想知道你能为他做什么。和打理他的财富帝国一样，他看重的是忠诚。

内阁成员的选拔过程，像极了一场白宫版《学徒》真人秀。在当初拍摄《学徒》的特朗普大厦大厅，C-Span 电视台架起摄影机，终极裁判在他 26 层宽阔的转角办公室里面试候选人。求职者和昔日的真人秀选手一样，自镜头前鱼贯而过，前去接受工作面试。

那些企业高管、国会议员、军队将领一一等候的时候，就像演员候场，三两寒暄，等着轮到自己。就连走出会议室后的采访，都像极了《学徒》私下采访中的血雨腥风。裁判依旧是富豪特朗普，他以商业选拔的思维选拔他的政府领袖。组阁接近尾声时，他甚至发了一条炒作感十足的推特："知道最终入围者名单的，唯我一人。"

选拔过程中，国务卿一职竞争尤为激烈。除了前众议院议长纽特・金里奇、前美国驻联合国大使约翰・博尔顿、前纽约市长鲁迪・朱利安尼、前中情局局长戴维・彼得雷乌斯、参议院外交关系委员会主席鲍勃・考克等一众人选，还有一个参与角逐的大热门：2012 年大选落败后退回金融圈的共和党人罗姆尼。

罗姆尼被视为《学徒》中强势回归的奥玛萝莎，特朗普甚至与他在纽约一家三星米其林餐厅里共进烛光晚餐。金里奇则是《学徒》采访中那个背后捅刀的坏人。烛光晚餐次日，金里奇在媒体专访中表示："你从没见过一个有钱、独立、自己还竞选过总统的人，能变成罗姆尼那样的马屁精。罗姆尼会说法语，他会说：'哦，总统先生，这道菜很棒。'然后他可能点一道蜗牛。老天，我真希望自己是一只趴在墙上的苍蝇，这样我就可以目睹全过程了。”

然而，特朗普最终没有选择罗姆尼。特朗普最强调的是忠诚，而罗姆尼曾公开批评特朗普是骗子。特朗普方面让罗姆尼为昔日的言论公开道歉，罗姆尼拒绝。像当初的真人秀一样，结局一秒反转。特朗普接受了前防长和前国务卿们的推荐，任命了来自埃克森美孚的石油大亨雷克斯·蒂勒森。

首批内阁富豪群像

2016 年年底，关于特朗普内阁人选的头版头条铺天盖地。那时他的组阁进行到一半，二十多个内阁职位中，特朗普只提名了十多人。他在社交媒体上每曝光一人，就像扔下一枚深水炸弹。他那边厢以真人秀手法呈现海选、竞岗、最后名单，这边厢媒体的测算与惊呼从未间断。当时典型的媒体标题是这样写的——

《特朗普内阁成史上最富内阁》（2016 年 12 月 20 日，美国哥伦比亚广播公司新闻网）；

《特朗普内阁人选身家超过美国三分之一人口财富》（2016 年 12 月 15 日《国会山报》）；

《看看特朗普 45 亿美元内阁中每人身家几何》（2016 年 12 月 22 日《福布斯》）。

形成鲜明对比的是当时行将谢幕的奥巴马内阁。根据《福布斯》的测算，当时奥巴马全部内阁成员身家总和为 27.5 亿美元，其中 95% 以上来自两个人，一位是当时的商务部长、凯悦继承人潘妮·普利茨克，她一人身家独占 25 亿美元，另一位是国务卿约翰·克里，身家 1.5 亿美元。相形之下，特朗普当时提名的 13 人，身家之和已高达 45 亿美金。

特朗普内阁是典型的亿万富豪俱乐部。商务部长威尔伯·罗斯人称华尔街“破产大王”，是威尔伯·罗斯私募股权投资公司董事长。财政部长史蒂芬·姆努钦是美国银行控股公司 CIT 集团董事、前高盛公司合伙人、沙丘资本的创始人。国务卿雷克斯·蒂勒森是埃克森美孚公司董事长。教育部长贝齐·德沃斯是清洁能源公司 Windquest 集团董事长、安利公司继承人之一。小型企业管理局局长琳达·麦克马洪是世界摔跤娱乐公司 WWE 创始人。还有当时被提名为劳工部长、后来宣布放弃的安德鲁·帕兹德，他是 CKE 餐饮集团的董事长，来自快餐业的大亨。

除了这些毫无从政经验、经由特朗普直接提名从商界“旋转”而来的富翁们，内阁人选中还有一些此前有过从政经验，但仍符合商业精英标准的人。比如交通部长赵小兰，除了前劳工部长、交通部长的身份，她还担任过美国银行的副总，她的赵氏家族背景显赫，经营航运和贸易资产。还有内政部长莱恩·辛克和中央情报局局长迈克·蓬佩奥，两人除了众议院议员身份而外，还分别担任过 QS Energy 石油管道公司董事、Sentry International 油田装备公司总裁。

在美国历届内阁中，特朗普内阁成员的身家财富冠绝往昔。特朗普内阁的完整名单出台后，外界总结出许多特点，包括“富”、“白”、“军”、“男”、“右”。而“富”始终是最耀眼的标签。特朗普组阁时首先折返身寻找的，是他的金主、他的同类、他眼中的成功者、那些他深刻认同的“伟大的交易人”。

在这批内阁成员中，占据特朗普内阁最重要职位的，正是那些零从政经验的亿万富豪们。在美国政治体系中，作为庞大官僚系统的领袖，内阁成员在政策发展与执行中拥有相当程度的影响力，其中国务卿、商务部长、财政部长对内政外交的影响力尤甚。而在特朗普政府中，这三个人选皆是由商界直接旋转而来的亿万富豪。

“我就是想要赚了大钱的人”

2016年年底，特朗普亲自为这些零从政经验的亿万富豪们辩护。在艾奥瓦州一次集会演讲中，特朗普直白表示：“我就是想要赚了大钱的人！现在他们再去谈判就是为你们而谈！”他曾经顺利化解自己巨贾身份与平民选民之间的天壤之别，他用同样的逻辑、同样的手法，来勾兑他的竞选承诺和他的富豪内阁。在脸书上的提名声明中，特朗普竭力强调三人在商界的风光履历。他反复声明，且让这些商界赢家一试，他们可以将商业谈判与经营的经验复制，捍卫软弱愚蠢的政治精英们没能捍卫的美国。

在既往几十年中，他的思路一以贯之。在1990年的《花花公子》专访中，有这么一段对话。

记者问：“你认为乔治·布什软弱吗？”

特朗普答：“我很喜欢乔治·布什，我支持他，并且永远支持他。不过在他谈论一个更加和善、更加绅士的美国的时候，我不敢苟同。美国只要变得再和善、绅士一点点，它就得消亡了。在我看来，让卡尔·伊坎、罗斯·佩罗那样的商人去进行一些外交政策谈判，可以为美国赢得全世界的尊重。”

多年后，特朗普入主白宫，他在第一时间任命的，正是强悍精明的商界大鳄们。在对这批人的提名声明中，擅长“谈判”、精于“交易”、“世界一流商人”是他每一次恨不得划重点、加粗黑的关键词。

2016年11月30日，特朗普在脸书上发布声明，提名姆努钦和罗斯担任他的财政部长和商务部长。"史蒂芬·姆努钦是世界级的金融家、银行家、商人，他在我们的经济与就业振兴计划中发挥了关键作用，"特朗普强调，"他当年以16亿美元收购印地麦克银行，经营得相当专业，又以34亿美元价格售出，为投资人赚得额外资本收益。这正是我想要的、在我的政府当中代表美国的那种人。"

特朗普紧接着捧出罗斯，"他是我所遇到的最伟大的谈判专家之一，这可是来自我——《交易的艺术》一书作者的评价。我们将一道应对特殊利益，为美国人的就业挺身而出"。

半个月后，特朗普宣布提名蒂勒森担任国务卿。提名声明写道："雷克斯·蒂勒森的职业生涯正是美国梦的化身。他通过奋斗、奉献和精明交易，一路晋升成为巨型公司埃克森美孚的董事长。"声明强调，蒂勒森是全球最成功的商业领袖和跨国交易大鳄中的一位，他深深懂得如何管理一家全球大型企业，如何应对复杂的国际格局和形形色色的外国领导人，"这一点对于成功管理国务院至关重要"。借由任命蒂勒森，特朗普强调，新政府会"将那些多年来削弱美国安全和全球地位的错误外交政策和外交行动扭转过来"。

富豪内阁的未来

在美国政治史中，商人担任内阁成员并非新鲜事，单从内阁中商业精英占比来看，特朗普时期并不算高。20世纪50年代，社会学家赖特·米尔斯在《权力精英》一书中提出，二战后的美国，经济、政治、军事三大领域的权力已经高度集中，并且三大领域的权力精英彼此渗透融合，公司富豪、政治领袖与军事将领组成了控制集中权力、拥有共同身份认同的“权力精英”。

米尔斯在书中写道：“权力精英的内核中包含着来自大律所和大投行、拥有法律和金融背景的高级人士，他们几乎是经济、政治和军事事务间的职业中介，通过行动将权力精英团结起来。”在米尔斯身处的艾森豪威尔时代，内阁成员中商业精英的占比已经高达 85.7%，这一比例在尼克松时期则高达 95.7%。

这里所说的商业精英包括通常意义上认为的担任过大型商业公司高管、公司执业律师等，比如曾在里根政府任美国副贸易代表、如今被特朗普任命为美国贸易代表的罗伯特·莱特希泽，他曾在世达律师事务所任合伙人，属于商业精英中的一员。如果我们沿用这一标准，截至 2017 年 10 月，特朗普内阁的商业精英占比为 54.2%。这一比例本身并不算高，尽管他们的身家总值前无古人。

然而特朗普富豪内阁的特殊性在于，如果说既往内阁中的商业精英经由旋转门迅速融入政治机器、服务政治，与从政经验丰富的总统共同组成行政分支的最高层，特朗普时代则是总统本人先以零从政经验富豪的身份出现，他本能希望的，是与这些同样身为“局外人”的商业精英一起，改变美国，扭转乾坤，不是融入机器，而是与之博弈，不是服务政治，而是颠覆政治本身。他与他的内阁注定是个极为微妙的组合。

从这个意义上说，特朗普将米尔斯所说的权力精英的“连锁”效应推向了极致。商业精英本人直接入主白宫，组建“政治局外人”内阁这一动作本身，是对米尔斯理论的一次极致演绎。

想象一下，当零从政经验的商人总统在走马上任前寻找同类，与他一起步入白宫，“拯救美国”，他会找谁？他首先拥有的，并且真正信任的，只有家庭成员。库什纳、伊万卡，这些人是他最亲密的同盟，他自始至终最贴身的建言者。然而他的儿女们不可能成为他政府部门的领袖，成为官僚机器的要职拥有者。所以他还能找谁?

他能找的无非两类人。第一类，他真正熟识或认同的圈内人。第二类，那些熟悉体制、但又契合他执政目标的政客与军人。从他组阁的结果看，两类人兼而有之，但前一类显然更符合他漫长财富积累生涯中一直以来的观感。他要与他亲手任命的同僚一起，发动一场颠覆政治的“叛逆”。从这个意义上说，特朗普的富豪内阁与以往相比十分特殊。

然而，这一富豪内阁的悖论从一开始已然注定。特朗普的目标太过宏大模糊。他要实现的是美国优先，是美国利益，是一个“美国再次伟大”的时代，他承诺的是实业振兴，工人就业，经济繁荣，贸易公平。而至于这些目标具体掰开揉碎意味着什么样的政策、什么样的设计、什么样的曲线、什么样的测算、什么样的博弈、什么样的妥协，他其实从未深思熟虑。上台后的特朗普第一把火就遭遇重挫，废除奥巴马医改的动作一再受阻。特朗普抱怨，改革的复杂性简直超出想象。特朗普目标落地的困境，从一开始就为他麾下那些“局外人”的人马杂沓、博弈混战埋下伏笔。

与奥巴马时期总统与内阁对外表态高度一致相比，特朗普时期各说各话，这边国务卿刚表态，那边特朗普冷不丁发一条推特推翻，不止一位外国外交官抱怨，这些表态令人猝不及防，不知听谁信谁。

特朗普过渡政府中不止一人透露，特朗普希望他的内阁成员在各自的角色中高度自治，那些彼此独立的信息并不意味着特朗普内阁内部的根本裂隙。其中一人还指出：“特朗普不是那种喜欢麾下人人排队、亦步亦趋的传统总统。他来自商界，而商界永远有各种各样的强烈声音。对特朗普而言，这是一个正常的过程。只不过在华盛顿，大家不这么解读罢了。”

说到底，特朗普亲手组建的政府是他对抗传统政治的一种方式，他坚持自己从商界带来的沟通方式与颠覆思维。问题在于，留给他的学习时间并不充裕，那些组合起来的“同路人”也并非木偶。这些人是他的支撑，也是他的制约，是他的政治机遇，也是他的政治束缚。这些富豪与特朗普本人的身份认同与同盟关系是否如他所愿，注定经历考验。

在实际的执政步骤中，曾经的浅白表达与情绪宣泄，变得束缚不断。特朗普所认同并任命的同类，将他无论在商界还是政界中的现实掣肘和盘托出。从这一点来看，尽管特朗普以颠覆政治为己任，他与历届总统有一点是相通的：曾以口惠获得的总统职位，在登台后即刻将他丢入现实之中。

07
大富豪内阁之高盛帮

天色向晚时的美国财政部大楼。丨作者摄影

财政部大楼紧临白宫，第77任财长史蒂芬·姆努钦是特朗普亲自任命的华尔街金融家。姆努钦的任命是一个象征：特朗普始终未能摆脱与华尔街的捆绑共生，无论在他财富帝国建造时，竞选总统之际，还是实际坐在椭圆形办公室里。姆努钦早年供职于高盛，他创立的沙丘资本曾是特朗普地产项目的金主之一。特朗普竞选总统时，姆努钦是特朗普的全国筹款委员会主席。特朗普走马上任后，姆努钦成为美国财政部的亿万富豪领袖，成为特朗普政府与华尔街之间的桥梁之一。

高盛帮

姆努钦创立于2004年的沙丘资本是一家对冲基金公司，沙丘资本至少投资过特朗普名下的两个房地产项目，一个是檀香山威基基特朗普国际酒店，一个是芝加哥特朗普国际酒店。2008年金融危机时期，芝加哥项目陷入财务困境，特朗普将德意志银行、沙丘资本以及其他几家贷款方告上法庭，这是特朗普与姆努钦早期的不打不相识。

姆努钦更重要的角色在于2016年大选期间。2016年4月，特朗普在纽约州共和党初选中胜出，姆努钦前去参加庆功宴。第二天，姆努钦就接受了特朗普的邀请，为他担任全国筹款委员会主席。姆努钦找到自己父亲当初在高盛的同事、共和党全国委员会财政主席卢·艾森伯格，利用共和党全国委员会的人际网络，让特朗普的筹款行动高效运转起来。

姆努钦是个特征鲜明的人，他和特朗普一样，在财富积累的同时，醉心娱乐业。2004年，他在创立沙丘资本的同时，创立了娱乐公司沙丘娱乐。他公司制作的电影票房惊人，包括大名鼎鼎的《阿凡达》和《X战警》。

不过相较他的好莱坞履历，姆努钦最丰厚的财富积累、最深刻的印迹仍然来自华尔街。在姆努钦身上，“高盛帮”的烙印在家庭渊源中就已存在。

姆努钦的父亲在1960年代就是高盛合伙人，曾经供职高盛30余年，被视为大宗股票交易先驱。姆努钦另有一位兄长曾在高盛担任副总裁。1985年，姆努钦从耶鲁大学毕业，自此开启17年高盛生涯。他从抵押部门的一名职员，一路做到高盛首席信息官兼执行副总裁。17年高盛投行生涯是姆努钦财富积累的开始，他后来的沙丘资本也是跟两位前高盛合伙人一同创立。

高盛的企业文化被称为“高盛主义”，它强调团队决策，注重与政界的人脉沟通，提倡更长远的博弈与职业生涯的更高追求。在美国政治史中，高盛身为华尔街上根基稳固、影响力渗入全球经济体系的交易巨头，是整个“旋转门”体系中最大的私有部门参与方。高盛人士遍布政府机关，被称为“高盛校友”或“高盛帮”。除了美国政坛，“高盛帮”在整个欧美监管层也拥有重大影响力。纽约联储主席杜德利，英国央行行长马克·卡尼，欧洲央行行长马里奥·德拉吉，还有世界银行前行长罗伯特·佐利克，统统出自高盛。姆努钦进入特朗普麾下后，随他而来的，正是枝繁叶茂的“高盛帮”。

自转战政坛起，姆努钦就力荐来自高盛的金融家在特朗普团队中担任要职，其中包括当时的经济顾问盖瑞·科恩、战略顾问史蒂夫·班农，二人分别是高盛前总裁和高盛前银行家。在组建新一届财政部的过程中，姆努钦的“高盛帮”倾向也十分突出，他力挺曾供职于高盛25年的银行家詹姆斯·多诺万担任财政部副部长，尽管此人后来退出。

除了狭义的“高盛帮”，华尔街人士是姆努钦在组建财政部时的重要考虑对象。财政部领导层中不乏姆努钦提名的华尔街人物，包括摩根士丹利前银行家贾斯汀·穆辛尼奇、贝尔斯登前首席经济学家戴维·马尔帕斯，等等。

从这个意义上说，许诺“排干沼泽”的特朗普，并未颠覆自二战以来美国政治中的“高盛帮”传统。二战期间，罗斯福任命高盛董事长希德尼·韦恩伯格担任战争物资供应局副局长，高盛自此开启向政府输送高管的历史。其后多位“高盛帮”人士出任财长，包括约翰逊时期的亨利·福勒、克林顿时期的罗伯特·鲁宾，还有小布什时期的亨利·保尔森。奥巴马政府中，高盛人士占据大片江山。而到了特朗普政府，“高盛帮”在美国权力核心中的影响力强势延续。

华尔街式交易

除了“高盛帮”的人际关系网，姆努钦身上的另一大特征，是他的华尔街式敛财争议。特朗普在财长提名声明中盛赞姆努钦：“他当年以16亿美元收购印地麦克银行，经营得相当专业，又以34亿美元价格售出，为投资人赚得额外资本收益。这正是我想要的、在我的政府当中代表美国的那种人。”创立和出售OneWest银行的确是姆努钦个人财富史上获利最大的交易，但也蕴藏着饱受诟病的“华尔街把戏”。

在姆努钦的财富积累生涯中，2008年金融危机是他身家飙升的契机。在危机最糟糕的时期，姆努钦组建了一支全明星投资团队，其中包括乔治·索罗斯、约翰·保尔森和迈克尔·戴尔等诸位投资大佬。2009年，姆努钦团队以16亿美元收购破产银行印地麦克，将其更名为OneWest银行。姆努钦出任董事长，直到2015年以34亿美元价格将银行卖给CIT集团。

OneWest银行最出名的一桩官司，当数2014年“27美分案”。金融危机期间，OneWest有一项业务是向老年人发放“反向抵押贷款”。手头拮据但拥有房产的老年人，可以通过抵押产权向银行借款，老人去世后，银行将房子收走，用来拍卖、出租或是出售。借款期间，老人必须支付财产税、房产保险和维护费，否则立刻丧失房屋赎回权，银行有权止赎，强行将房子收回。

2014 年 OneWest 银行“27 美分”案即源于此。九旬老妪奥西·洛夫顿将她佛州的房子抵押给 OneWest 银行。有一次银行寄来一张 423.30 美元的账单，洛夫顿寄回了支票，但只写了 423 美元。银行寄来第二张账单，索要余下的 30 美分。洛夫顿于是寄回第二张支票，却将 30 误写为 3。银行随即发出止赎通知，因 27 美分之差，要求将房子收回拍卖。

双方对簿公堂。“27 美分”案在美国引发舆论哗然。人们炮轰姆努钦的 OneWest 银行“沉溺于华尔街一切最糟糕的做法”，那些糟糕做法酿成金融危机，又趁着金融危机大发横财。OneWest 并入 CIT 集团后，仍然坚持收回洛夫顿的房子，直到 2017 年 10 月案件被取消。

相关统计显示，2009—2015 年姆努钦担任董事长期间，OneWest 银行仅在加州的房屋止赎案就多达 3.6 万宗。姆努钦坚持强势运作，他的 OneWest 被戏谑为“止赎机器”。2011 年，“占领华尔街”运动爆发，这一运动在洛杉矶的版本叫作“占领洛杉矶”。洛杉矶的组织者痛斥止赎做法，“很多人觉得自己被人设局踢出家门，银行却利用止赎案赚得盆满钵盈”。“占领洛杉矶”运动的地点之一正是姆努钦在洛杉矶的豪宅门口，抗议者不断聚集，警察出动方才驱散人群。

危机与繁荣，哪一个更快

姆努钦进入特朗普团队后，华尔街第一反应就是焦虑缓解。尽管此前外界认为，特朗普身上的“极度不确定性”令华尔街十分担忧，市场的糟糕反应并未出现。相反，特朗普当选后连续两天，道·琼斯平均工业指数均上升 200 多点。

尽管无法对特朗普的金融政策盖棺定论，可以肯定的是，他的重要人事布局和金融去监管改革的倾向，已经与华尔街权力与金融游说集团产生利益捆绑。

在参议院提名听证会上，姆努钦系统阐述了他的政策主张，包括放松金融监管，和废除多德—弗兰克法案部分内容，这也成为特朗普的主张。特朗普放松金融监管的话音一落，华尔街一片欢呼，美股金融板块大幅上涨。在银行股大涨的带动下，道指再次冲上两万点。

特朗普的执政目标的内生矛盾再次凸显。从形式上看，特朗普宣布实施新的金融扩张符合他承诺的治理逻辑。对于放松金融监管的理由，特朗普的公开陈述是：“我几个生意场上的哥们儿告诉我，他们的公司干得不错，想要扩大投资，但是找银行贷款实在太困难了。这一切，都是因为多德—弗兰克法案对银行约束太紧！”特朗普强调，过于严苛的监管会降低经济活力。他要通过放松金融监管来方便实业融资，支持美国制造业的发展。

然而在现实中，新的金融扩张释放出来的货币，并不一定流向实业。历史已经不止一次证明，金融监管放松带来表面繁荣，却酿成急剧放大的金融风险。多德—弗兰克法案正是金融危机后痛定思痛的产物。

1980 年代以来“里根经济学”的新自由主义转向，意味着遵循货币主义理念，以货币政策为主导，平衡通货膨胀与经济增长。2008 年金融危机爆发后，非常规货币政策的实施，意味着货币政策已经用到极致，通胀水平得以抑制，金融市场的过度扩张却没有停歇。2008 年危机以来，金融资产再度迅速膨胀。而能否解决金融资产过度膨胀的问题，事关美国经济和全球经济的未来。

对于政策的中长期影响，特朗普显然考虑不足。短期来看，金融监管放松的确可能带来刺激效应。然而长期视野下，如果金融扩张无度而长期监管不足，意味着资本逐利的更大泡沫与更大风险。与此同时，美国金融系统的不稳定性一旦外溢，对全球经济的影响将无可估量。这样的逻辑矛盾如果持续演进，繁荣与危机究竟哪一个更快到来，答案已不言自明。

08
大富豪内阁之老朋友

美国商务部，宪法大道 1401 号。丨作者摄影

商务部长威尔伯·罗斯是特朗普从华尔街带入内阁的又一位亿万富豪。胜选后的特朗普同时提名罗斯与姆努钦，将二人尊为他经贸计划的实施者。与姆努钦相比，罗斯是特朗普真正的旧相识。罗斯身上折射的，是特朗普执政思路中更具戏剧性的逻辑悖论。

赌场旧相识

罗斯与特朗普私交甚笃。1991 年，特朗普泰姬陵赌场酒店陷入窘境，时任罗斯柴尔德公司破产业务高管的罗斯，是这宗破产重组案的接手人。他出面调停，令当时的特朗普得以保住赌场酒店项目本身。那时的特朗普已经公开称赞，罗斯是一位“强悍、诚恳”的天才谈判人。

1995 年，罗斯与第二任妻子、前纽约州副州长贝茜·麦考伊结婚，特朗普作为宾客参加婚礼。尽管这对夫妇在 2000 年离婚，特朗普竞选总统期间，二人同为特朗普经济顾问。

罗斯和特朗普还是邻居。在佛罗里达棕榈滩，罗斯的房产就在特朗普海湖庄园门口马路的另一头。而在曼哈顿 57 街，罗斯的顶层豪宅与特朗普大厦的顶层复式公寓也只隔着两条街。

2000 年，罗斯结束在金融巨头罗斯柴尔德的 24 年职业生涯，创立了自己的威尔伯·罗斯私募股权投资公司。2006 年，他将公司卖给景顺集团，自己仍然担任公司董事长和首席战略官。到了 2013 年，罗斯的母公司景顺集团与特朗普的女婿贾内德·库什纳等人合伙，斥资 2.4 亿美元购置工业地产。

桩桩件件可见罗斯与特朗普的紧密关系。特朗普视罗斯为战友，为同盟。借由任命罗斯，特朗普突出强调的是，商人卓越的谈判能力将重塑美国全球经贸谈判，帮助美国拿回自己的利益。特朗普还强调，“罗斯是美国制造业的领军人物”，他将在保护美国工人就业、保护传统实业方面发挥重要作用。

华尔街投手

罗斯的谈判技巧本身的确毋庸置疑。用罗斯自己的话说，只有一件事会让他感到后悔，就是“出价出高了”。华尔街上人称“破产大王”的罗斯，曾亲历无数宗破产重组案，无一宗不面对冲突。罗斯早已习惯了漫长、艰难的谈判，并且习惯于在其中保持强势，控制局势。在他就任商务部长后的对外谈判中，这一风格已经呈现。在2017年4月的美日高层经济对话中，日本方面就曾因为罗斯的鹰派强硬风格，力求避开罗斯，与美国副总统迈克·彭斯单独谈判。

然而，罗斯并不是特朗普所说的那种“制造业领军人物”。他的首要身份，是美国经济金融化的典型运作者。罗斯是“破产大王”，是华尔街上的投手。他自1976年起就供职于金融巨头罗斯柴尔德，2000年创建自己的投资公司。他的专长是收购不良资产，从濒临破产的资产中发现机遇，令其焕发新生，再将其卖出，从中赚取数亿美元的利润。

2008年金融危机之前，罗斯瞄准传统产业，专攻奄奄一息的不良资产，包括石油厂、炼钢厂、采矿厂、五金厂、煤炭厂、纺织厂，等等。罗斯多次起死回生，包括在美国经济遭受科技泡沫和9·11事件的连环痛击之际。这正是他“破产大王”名号的由来。

在罗斯柴尔德任职的24年间，罗斯不断重组濒临破产的企业。除了特朗普名下的泰姬陵赌场，他经手的还包括德士古石油、德崇证券、美国东方航空、能源供应商新罕布什尔州公共服务公司，等等。2000 年，他从罗斯柴尔德买回 2 亿美元个人私募基金，又另外募得 2.5 亿美元，带领整个团队从罗斯柴尔德出走，创立自己的基业。

其后他的财富史脉络愈发清晰，其中数宗生意堪称节点。第一，2002—2003 年，罗斯收购整合数家濒临破产的钢铁巨头，创立国际钢铁集团，很快，他以 45 亿美元价格将集团卖给一位印裔富豪，从中净赚 2.6 亿美元。第二，2004 年，罗斯收购整合几家濒临破产的纺织巨头，创立国际纺织集团，并在 2016 年将集团卖给私募大亨。第三，2004—2005 年，罗斯兼并数家濒临破产的煤炭公司，创立国际煤炭集团，仅从集团上市中，他个人就获利 2.1 亿美元，又于 2011 年以 34 亿美元价格将集团出售。第四，2006 年，罗斯将自己的投资公司以 3.75 亿美元价格卖给景顺，自己继续担任董事长和首席战略官。

看到这里，你还能说罗斯是特朗普口中所谓“制造业领军人物”吗？

如果说特朗普“让制造业就业重返美国”的言论拥有信徒，罗斯就是最不可能的信徒。传统制造业的投资为他积累了雄厚身家，也让他对美国及全球制造业的变迁洞若观火。

2005 年，罗斯出现在中国嘉兴，为他投资近 1 亿美元的纺织厂奠基。时逢大雨，罗斯面对中国媒体，强调这是他“真正进入中国市场的第一步”。“我们是第一家也是目前唯一一家来到这里投资的美国大型纺织公司”，罗斯表示。而在那一行之前，罗斯已经来华 15 次。早在 1997 年，罗斯在日本买下两家汽车零配件公司的同时，就在中国广东投资设厂，工厂生产汽车配件，然后返销日本。

除了在中国，罗斯名下的国际纺织集团在越南、印度、土耳其、墨西哥均有工厂，他的目标是将品牌与海外低成本劳动力、市场、工程技术以及各地供应商结合起来。从这个意义上说，罗斯是经济全球化与经济金融化的双重受益者。2015年，罗斯麾下的国际纺织集团发布年度报告，明确表示纺织业的未来并不在美国本土，而在墨西哥和中国。集团三分之一的收入来自墨西哥的两家工厂，报告认为，“《北美自由贸易协定》总体是有利的”。

竞选期间，特朗普曾再三痛斥《北美自由贸易协定》，将其贬为“美国有史以来最糟糕的贸易协定”。在他看来，正是由于这一协定，大量制造业流向墨西哥，大批工作机会从美国流走。在参议院确认商务部长提名的听证会上，罗斯呼应特朗普，将《北美自由贸易协定》的重新谈判视为他商务部长任上的头号任务。然而就在2015年特朗普宣布竞选前夕，罗斯在墨西哥的第八家汽车零部件工厂落成。自2007年起，罗斯就在墨西哥收购汽车零部件工厂，雇用当地工人，将此称为自己“在低成本国家扩张”策略的标志之举。

对于制造业就业离开美国这一长期趋势，罗斯心知肚明。除了在制造业投资领域的海外布局，2008年金融危机以来，罗斯的投资焦点已经转向金融领域的困境债券。2008—2012年间，罗斯对濒危银行的投资超过18亿美元，收益颇丰。2014年起，罗斯担任塞浦路斯银行副主席，斥资10亿欧元对该行进行资本重组。直到2017年1月出任美国商务部长前，罗斯才从这家银行辞职。

务实者的政策投机

不得不说，罗斯的商业决策履历与特朗普“美国优先”经贸政策之间存在明显冲突。在参议院听证会之前，罗斯的发言人出言辩护，称当初身为商人的罗斯，只能基于现实规则作出“务实决策”。从罗斯的商业履历看，对于他突如其来的立场反转，基于“务实”考虑的政策投机几乎是唯一解释。

2016年，罗斯与彼得·纳瓦罗[①]一起，为特朗普合著白皮书《给特朗普经济计划打分：贸易、监管和能源政策影响》，对特朗普经济计划进行系统辩护，包括把制造业的工作机会带回美国、对中国采取强硬的贸易政策等。而就在2012年，罗姆尼竞选期间，罗斯还公开反对罗姆尼的反华言论，称美国对中国攻击过度。罗斯预言，即便就业离开中国，也不会返回美国，只会向劳动力成本更低的国家和地区流动。

在罗斯身上，立场摇摆与政策投机并非第一次。在商业逐利生涯中，他的策略始终保持弹性开放。在自由贸易问题上，罗斯正是“务实主义”的典型。随着国际经济环境和行业发展的变化，他可以完全逆转自身立场。

罗斯曾是克林顿的主要募捐人，并被克林顿任命为美俄投资基金董事，然而在贸易问题上，罗斯出于自身现实利益，站在克林顿的对立面。2003年底，罗斯频现媒体，反对进口，支持通过关税和贸易门槛来保护美国制造商。他组建了“美国自由贸易联盟”，这家保护主义组织被看作一台“可怕的游说机器”，它拥有70多位会员，极力反对损害美国制造商的不公平贸易行为。

这一贸易保护主义立场，在罗斯后来自己着手海外制造业投资布局之际彻底反转。2004年，罗斯进军陷入困境的美国纺织业，很快，墨西哥、中国、土耳其、印度等地因劳动力成本低、市场需求高，成为他海外布局的重点。罗斯一反此前姿态，转而支持贸易自由，他为《中美洲自由贸易

① 加州大学尔湾分校教授、现任白宫国家贸易委员会主任。

协定》游说，支持取消纺织品关税与配额，力挺与中美洲国家进行纺织品自由贸易。

协定出台后，罗斯与危地马拉、尼加拉瓜、萨尔瓦多三个中美洲国家同时展开谈判，打算三选一购买土地、建立牛仔布料工厂。三国政府均向罗斯开出丰厚条件，承诺削减所得税、关税、增值税数千万美元。

2005 年来华为嘉兴纺织厂奠基的罗斯，立场也已与他 2003 年来华时大相径庭。2003 年的罗斯以中国纺织界的公敌形象出现，他代表美国要求中国保持纺织品配额，限制对美出口。而到了 2005 年，罗斯在中国公开表示："配额对我来说只是暂时的，我本质上是个自由贸易主义者，我着眼全球。"

不可能完成的任务

鉴于罗斯自身商业履历以及他与特朗普的深厚关系，在实际政策操作中，罗斯或许多少会对特朗普形成务实拉力，只是这种拉力十分有限。除了罗斯身上的投机迎合因素，还有特朗普自身的政治目标与商业思维因素使然。

特朗普以商业思维管理他的政治团队，他是强悍领袖，老板思维。在他认同的问题上，他高度赞同；否则，他并不加以理会，或者冷眼旁观，或者自说自话。不按常理出牌的他，已经多次和自己的内阁唱反调。说到底，他在商界已经习惯了各种各样的强烈声音。相比奥巴马政府格外留意对外表态保持一致，对特朗普而言，磨合与摩擦"是一个自然的过程"，而他，正是一个在这个过程中寻求颠覆性的局外人。

在他所主导的颠覆过程之中，他的目标落地困境本身是根本悖论。尽管有一些幕僚反对，特朗普从未放弃过对外国征收严厉关税、扭转贸易逆差的呼喊。商业思维根深蒂固的他，并不会轻易放弃他自1980年代以来的政策立场——通过把握交易底线和精明谈判，把属于美国的工作、产业、市场机遇、贸易利益统统拿回来。对执行者罗斯而言，无论他是否认同，这已然是一个不可能完成的任务。即便特朗普在内阁中不受制约，国际体系本身已是难以克服的掣肘。

1980年代以来的经济全球化，是由金融资本、跨国公司、科技革命三股合力共同推动的历史进程。特朗普政府也许可以施加短期政策影响，却无法真正改变其中任何一项进程。

在这一进程中，特朗普最想企及的"公平贸易"，其实是最为低级的贸易。1980年代以来，自由贸易的发展脉络清晰可见：起初发达国家以自由贸易打开发展中国家的市场大门，发达国家是国际规则与先进技术的控制者。随着发展中国家实力提振，它们反过来冲击发达国家的部分传统产业，要求改变不合理的国际规则体系。在世界格局进一步演进的新阶段中，发达国家与发展中国家相互博弈，前者试图修订规则或者确立新的规则，以此继续主导贸易游戏。

特朗普出现在这个新阶段中。他的前任奥巴马试图建立的"跨太平洋伙伴关系协定"，正是这一阶段的表征。特朗普的闯入将其全盘推翻，他本能想要弃绝的，是国际规则体系本身。他要回到双边的、一对一谈判的"公平贸易"，直截了当地攫取最大程度的美国利益。无论短期效应如何，长期来看，这相当于改变经济运行的规律本身。哪怕他拥有最得力的下手、最高明的谈判人，他的努力更可能给美国带来的，是重重矛盾与负面效应。对罗斯而言，这场摧毁行动本身，已是不可能完成的任务。

09

大富豪内阁之如何告别外交“政治正确”

华盛顿的政治中心白宫。特朗普上任之初，蒂勒森曾是特朗普会面次数最多的内阁成员。除了在白宫的日常碰面，白宫的公开时间表上还频繁出现二人的午餐会、晚餐会，以及在椭圆形办公室里的私密会谈。丨作者摄影如果说借由任命姆努钦与罗斯，特朗普试图“纠正”的是经济金融化与经济全球化这两股洪流，那么借由国务卿，特朗普要“纠正”的，则是自1980年代以来他在无数报章、杂志、脱口秀中所痛斥的美国“软弱无能”的外交政策。他口诛笔伐、寻求颠覆的是两样东西：第一，占尽美国便宜的盟友关系；第二，庞杂无用的全球安全义务。

在任命蒂勒森时，特朗普明确表示：“在美国历史中一个如此重要的时刻里，我想不出一个更加万事俱备、更能全力投入的国务卿人选。”特朗普承诺，蒂勒森“强悍有力、头脑清醒，将为美国重要的国家利益提供支持”，“将那些多年来削弱美国安全和全球地位的错误外交政策和外交行动扭转过来”。

然而仅仅16个月后，蒂勒森的政治结局以出人意料的方式公之于众：2018年3月，特朗普在推特上宣布解雇蒂勒森。更具戏剧性的是，这位特朗普任上的首个国务卿彼时正在出访，他也是看推特才得知自己被炒鱿鱼的命运。

埃克森美孚烙印

在美国政治史上，总统通常与他的国务卿关系特殊。然而与罗斯、姆努钦这些特朗普旧相识相比，蒂勒森与特朗普毫无渊源。直到2016年11月，二人才第一次会面。

蒂勒森是什么样的人呢？他的商业履历一眼看去十分单一：1975年大学毕业后，蒂勒森进入埃克森美孚公司工作，直到41年后退休就任美国国务卿。如果说姆努钦背负的是“高盛主义”，蒂勒森身上则是深刻的“埃克森美孚烙印”。在蒂勒森的同行眼中，蒂勒森是埃克森美孚文化的产物，他行事低调稳健，追求程序与规则，习惯于韬光养晦，本能拒斥媒体的镁光灯。

上任之初的蒂勒森因此饱受批评，媒体斥责他未能适应公职角色，不懂得履行信息公开的义务。蒂勒森坚持认为，在美国政府头号外交官的位置上，他的工作与昔日在埃克森美孚“异曲同工”，“等到考虑足够成熟的时候，才能公开谈论一些东西，否则对任何人、尤其对合作伙伴毫无裨益”。

漫长的“石油外交”生涯，在蒂勒森身上留下无可磨灭的痕迹。埃克森美孚是全球最大的跨国油气上市公司，它的前身是洛克菲勒在1870年创立的标准石油公司。百余年来，埃克森美孚一直是美国经济增长的重要支柱，业务遍布全球六大洲，股票市值超过3600亿美元。《私有帝国：埃克森美孚与美国力量》一书的作者有句十分到位的评价：埃克森美孚将自身视为“世界上一个独立的、跨国的主权企业”，“拥有独立于美国政府的外交政策，在一些国家，埃克森美孚外交政策的影响力甚至超越美国国务院”。

蒂勒森在埃克森美孚从生产工程师做起，一路晋升至董事长。他的大部分财富来自这家公司的股票、薪资、福利、奖金。在长期管理一个近乎独立国家的跨国企业的过程中，蒂勒森习惯了经济外交，他的日常工作包括跨国谈判、制定战略、参加外事活动、分析政治局势、评估外国领导人，等等。在蒂勒森的领导下，埃克森美孚曾与各国政府和企业集团多次谈判。在能源、土地、环境、运输、劳工等各个领域，蒂勒森本人均有谈判经验。

蒂勒森亲自领导埃克森美孚进入崎岖复杂的政治环境。在全球能源外交格局中，他亲历过中东冲突，激怒过拉美国家，结交过非洲政府。他本人一直是相关交易谈判的核心。他以利益为第一目标，在全球各地推进强势的石油外交。

以中东为例。2011 年，埃克森美孚绕开美国政府和伊拉克中央政府，直接与伊拉克北部的库尔德人签署石油协议。这种合作与华盛顿的立场背道而驰。与美国国务院高级官员的电话会议中，蒂勒森明确表示："我只能作出对我股东最为利好的决定。"一年多后，蒂勒森亲自飞往巴格达，"安抚"当时的伊拉克总理马利基。他的出马谈判令当时的埃克森美孚两全其美：既延续了与库尔德人的交易，又保全了此前与马利基政府在伊拉克南部的合同。

石油是个极为特殊的行业。在"石油外交"生涯中，蒂勒森结交了多国领袖与高层官员，比如他与俄罗斯政府的关系，尽管这一点在他从政后饱受美国建制派质疑。1990 年代叶利钦时期，蒂勒森结识普京。1998 年，蒂勒森升任埃克森美孚驻俄子公司总裁。在华府政治老饕们的认知中，除基辛格而外，蒂勒森可能是与普京相处时间最长的美国人。

2011 年，在蒂勒森的领导下，埃克森美孚与俄罗斯石油公司签署了 32 亿美元的历史性协议，在北极地区进行共同勘探开发。2013 年，普京亲手为蒂勒森戴上友谊勋章。到了 2014 年，因为经济利益的绑定，蒂勒森在埃克森美孚公司持股人年会上明确反对欧美对俄制裁。根据埃克森美孚向美国证券交易委员会提交的 2014 年财报，由于欧美对俄实施制裁，埃克森美孚与俄罗斯石油公司的勘测合作被迫终止。截至 2014 年底，埃克森美孚从合资企业中蒙受的损失高达 10 亿美元。

在漫长的"石油外交"中，蒂勒森形成了极为务实、注重现实经济与安全利益的工作信念，并且他拥有为之出手的谈判技巧和议价能力。这正是特朗普最为看重的品质。在美国内阁政治史中，国务卿并不需要亲自在谈判桌上谈判，但他必须掌控谈判的大方向。与以往国务卿相比，蒂勒森的最大优势正是在谈判桌上。尽管美国商务部已经逐渐取代国务院，成为美国海外利益的主要开拓者，但在特朗普眼中，蒂勒森强势引导与推进谈判的风格可与罗斯相辅相承。

价值观外交的终结

蒂勒森注重实际利益的务实主义信条，与特朗普的“美国优先”存在一定重叠之处。

2017年5月3日，蒂勒森对美国国务院全体雇员发表讲话，他明确释放信号，要将美国的“价值观外交”边缘化。蒂勒森说：“尽管自由、人权、尊严这些根本价值观引导美国外交政策，但这些只是我们的价值观，不是我们的政策。价值观不变，但政策会变，政策需要因地制宜。”

这是一个具有历史转折意义的信号。在蒂勒森看来，“美国优先”投射到外交政策上，意味着要将美国的安全利益和经济繁荣放在第一位，在这个过程中，美国不应该期待其他国家也遵循美国的价值观，否则利益目标可能无法达成。美国还要具体问题具体分析，要根据不同国家和地区的情况，界定美国利益究竟是什么。

从既往30多年美国外交政策的脉络看，在经济上实行新自由主义的里根政府，在政治上则第一次将新保守主义外交理念用于实践。里根政府出于冷战压力和对卡特外交的反思，将意识形态的征伐作为外交政策核心。冷战结束后，美国的外交方向历经激辩，然而在小布什执政的八年间，新保守主义外交借由9·11事件进入黄金时代。奥巴马试图纠偏，但在推广自由民主价值观这一根本目标上，奥巴马的战略与他的前任们一脉相承。

蒂勒森讲话的信号，是要公开打破美国外交叙事中的“政治正确”，摒弃价值观外交，转而寻求经济繁荣与美国安全方面的利益契合点，以此在全球投射美国富于竞争力的形象，这是蒂勒森所理解的“美国优先”在外交领域的投影。他为此列出一系列政策要点，包括打击恐怖主义、朝鲜问题、对华关系、对俄关系等，他强调将目标窄化，追求具体利益的“执行力”。

对蒂勒森而言，这种政策信号是他埃克森美孚思维的延续。在 5 月 3 日的讲话中，蒂勒森向国务院全体雇员讲解他的谈判程序，强调以此应对一系列棘手外交命题。他所讲解的程序步骤是：首先，确定共同目标、做出关键假设；其次，接触各方、施加压力；再次，明示美方立场、检验各方意愿与影响；最后，视各方反应采取制裁措施。蒂勒森称，“这是一场压力战”，而“控制旋钮”掌握在美国手中。

进退维谷的帝国

然而问题的根本在于，特朗普的“美国优先”目标，并非宣告结束“价值观外交”、执行严格谈判程序可以实现。特朗普也同意蒂勒森所说的告别价值观外交，他也要打破“外交政治正确”，聚焦于美国的经济利益和现实安全。但是特朗普“美国优先”的终极目标极端得多，特朗普要摒弃的，是国际体系规则本身。他要以实力取代规则，以美国主义取代全球主义。这是真正的、彻底的不按常理出牌。对于追求政策规则与执行程序化的蒂勒森而言，这意味着执行层面的无可捉摸和重重矛盾。

特朗普的逻辑是什么呢？自 1980 年代以来，他反复强调的是，中东那些石油是美国盟友的生命线，却对美国自身无关紧要，美国人斥巨资保护波斯湾，护送那些开往日本的舰船，到头来换回的不是感恩，反是嘲笑，不是公平贸易，而是别人赚尽美国的钱，又反过来把美国买空。那些一毛不拔的国家，搭着美国的防务便车，开足金钱机器的马力，轰隆隆从美国身上碾过。

特朗普想要企及的，是最大限度地抛弃美国所谓“责任与义务”，该忽略的忽略，该分摊的分摊，降低成本，单刀直入，捞取美国利益，增加美国实力。然而特朗普的“美国优先”目标，并非宣告结束“价值观外交”、执行严格谈判程序可以实现。

在中东，从冷战时期美国的离岸平衡政策，到 1990 年代以来的大规模干预政策，再到奥巴马在二者之间寻找出路、实行空中干预，有两点始终没有改变：第一，石油是美国在中东的核心利益。第二，盟友体系是美国利益的基石。

这两点相辅相成，与美国利益早已难解难分。1950 年代，艾森豪威尔曾坦言：“阿拉伯世界的石油对欧洲只会越来越重要，如果中东石油供应被切断，欧洲经济就会崩塌，欧洲经济崩塌了，美国就会出现空前的困难。”1970 年代的石油危机让美国进一步意识到，控制石油是何等重要。近年美国的能源革命，让美国能源自给水平越来越高，但美国的盟友和国际社会仍然高度依赖中东石油。奥巴马在谈到为什么石油仍是美国在中东的核心利益时明确表述：“尽管美国正在稳步减少对进口能源的依赖，但世界仍然依赖中东能源，中东突然中断供应将危及世界经济。”

对美国而言，除了出于稳定经济的需要，应对恐怖主义和核扩散这些新的变数与威胁，同样需要借助可靠的盟友体系。中东越是动荡，美国就越是依赖盟国。对于 2008 年金融危机后进入战略焦虑期的美国而言，这一点尤为关键。奥巴马时期，战略收缩中的美国在中东离岸平衡与大规模干预之间寻找第三条出路，他提出空中干预，既不大规模地面卷入，也不袖手旁观。

在这一历史脉络中，特朗普并没有多少转身的选择。事实上，上台后的特朗普所延续的正是美国在中东的空中干预政策：通过空袭来打击恐怖势力，将美国的军事介入风险降到最低。特朗普当然不愿回到大规模干预时代，但离岸平衡也已无可能，他只能沿着奥巴马的路往前走，在空袭的技术层面有所调整。

如果我们将特朗普的姿态也理解为战略收缩，那么他与奥巴马的根本不同在于，特朗普要尽可能彻底地甩锅。对美国而言，空中干预的代价留在了地面，炮火纷飞中的中东人，要么陷入绝望听天由命，要么逃离中东成为难民。奥巴马政府强调人道主义援助，2012 年以来，美国通过多边援助机制向叙利亚难民提供了 40 多亿美元。特朗普则拒绝承担空中干预任何后果。他捂紧钱袋，削减人道主义援助，并且甫一上台就发布禁令，将中东难民堵在中东，严格限制入境。

如果说奥巴马政府的外交仍然强调对价值观和国际规则的维系，特朗普则急于摒弃“规则”本身，用绝对的利益取代规则，用绝对的美国优先取代全球考量。特朗普将上台后的首访放在中东，在沙特轻松签下 1100 亿美元军火大单。这并非外界所谓重大战略转向，这是他的典型姿态，他想做的正是直截了当捞取更多利益。

这一思维在亚洲、欧洲乃至全球治理领域一脉相承。在亚洲，奥巴马追求亚太再平衡、搭建以规则为基础的安全架构，特朗普则单刀直入，致力于增加军费，加强美国军事力量建设，构建以实力为基础的亚太秩序。他强调与亚太盟友的防务分摊，强调谈判，并且将不同的议题打包谈判。在欧洲，特朗普则抛出北约“过时论”，要求欧盟承担更多防务支出，他宣告“搭便车”的时代已经结束，保护与被保护都只是一场交易。而在区域与全球治理领域，特朗普一上台就接连退出跨太平洋伙伴关系协定和巴黎气候协定，威胁退出伊朗核协议。

以反建制姿态上台的特朗普，他的冲击力远大于他的建设性。他急于颠覆，但美国实际的困境令他回转无能。对于习惯了追求政策规划与执行程序化的蒂勒森而言，这种颠覆性目标意味着执行层面的自相矛盾和不可预期。

蒂勒森的身边人和媒体透露，蒂勒森说，他太累了，“他无法让自己的任何议题得到白宫批准”，连他提的副手人选也迟迟通不过。“Rexit”一词在媒体中越发常见，这是蒂勒森名字和英国退欧“Brexit”一词的合体，用来描述蒂勒森与特朗普的分歧。这种分歧包括：蒂勒森在北约同盟关系上为特朗普灭火，特朗普则转瞬打脸；多个海湾国家宣布同卡塔尔断交，蒂勒森敦促合作，特朗普则对断交决定大为赞赏。

蒂勒森开始感慨，担任国务卿和此前担任美孚公司董事长是如此不同，此前他能全然做出决定，生活也因此简单很多。“我知道所要预期的是什么，我们有一贯的规则和做决定的程序。”蒂勒森说，“但美国政府不是这样的。”2018 年，在蒂勒森“辞职”传闻甚嚣尘上半载过后，特朗普率先出手炒了他鱿鱼。蒂勒森成为美国政治史上最“短命”的国务卿之一。

蒂勒森与特朗普的分歧，背后是一个帝国本身的困境。面对冷战结束以来的权力转移，曾经陷入单极世界狂喜之中的帝国如今进退维谷：过度扩张的深度介入难以为继，而退回孤立主义亦不可能。在战略纠错的进程之中，代价是如此高昂。重心从某一地区稍一转移，留下的权力真空可能反过来削弱美国的利益。

在这个困境中，特朗普的逻辑本身已是悖论，他需要美国的实力优势，但不愿承担成本；他需要盟友承担更多责任，却希望盟友仍然对美国百分百俯首忠诚。而在这一切背后，美国的战略资源已经日趋有限，他要颠覆前任，首先要想清楚，这些资源究竟要用到哪里，并且，如何克服他那些国内掣肘的关卡和矛盾。

10
小圈子政治

特朗普大厦对街转角，是特朗普好友史蒂芬·罗思和他女婿贾内德·库什纳的合资公司。金字招牌上列着两个Logo，一个是罗思的沃拿多房产信托，一个是库什纳的库什纳集团。丨作者摄影从特朗普大厦向南走到52街，是库什纳的第五大道666号大本营。摩天大楼下挂着一个合资公司的金字招牌，上面刻着两个Logo，一个是“沃拿多房产信托”，一个是“库什纳集团”。沃拿多房产信托公司的创始人兼董事长叫史蒂芬·罗思，是纽约赫赫有名的亿万富豪，房地产业的大鳄。

沿52街向里数步，即可抵达美洲大道1290号物业。特朗普拥有这里的30%股权，另外70%的所有人是罗思。特朗普名下另一项巨额资产，即特朗普在其中同样拥有30%股权的旧金山加利福尼亚大街555号大楼，余下70%的控股人也是罗思。罗思是特朗普的多年好友、库什纳的合伙人，特朗普竞选伊始，罗思就是他的智囊。而特朗普上台之初宣布就1万亿基建计划组建委员会，罗思亦是他物色的重要顾问。

美洲大道1290号和旧金山加利福尼亚大街555号一样，从前都是美国银行大楼。特朗普曾因输掉与几位香港富豪的官司，被迫接受两栋大楼30%的股权。其后两栋大楼资产值飙升，在纽约房产界经纪人眼中，这成为一宗输得极为划算的官司。[①] 他还说服香港投资人将70%股权出手，买主不是别人，正是罗思的沃拿多公司。

短短几个街区，像是一个完美的隐喻。这里是特朗普最原初的来路，他的家人，他的同僚，他最熟悉的产业，他最天然的朋友圈，都在这里。作为彻头彻尾的政治局外人，特朗普对华盛顿的官僚机器与决策体制本能排斥，小圈子政治是特朗普决策的鲜明特征。他的这个小圈子五光十色，是他的根基，也是他博弈的开始。

---

① 详见附录三。

皇亲国戚

居于小圈子内核的，是特朗普与他的家人。特朗普决定竞选、寻找同盟时，他最初拥有的，唯有家人。准确地说，是他最为倚赖的三个人：女婿库什纳，女儿伊万卡，还有现任夫人梅拉尼娅。这些是他最认同的人，与他拥有相似的背景、天然的联系。

从特朗普竞选到上台，库什纳一直是他最亲密的顾问。这层关系有多亲密？基辛格有一句评价极有意思。基辛格与特朗普相识数十载，特朗普当选后，他曾就外交政策问题提供咨询建议。基辛格的评价是："我所结识的每一任总统都有一两位他本能信任并且全盘信任的人。在特朗普这里，库什纳可能就是那个人。"

伊万卡也曾描述过库什纳与他父亲何其相像，"我父亲看过他做的交易，从中看到自己的影子"。的确，特朗普觉得库什纳的经历像极了年轻时的自己。二人都是曼哈顿岛上的地产商，都生在富贵之家，都有一位房地产大亨父亲，年轻时都曾在父亲庞大的地产王国中进行严苛的练习。

特朗普当初带着老特朗普的启动资金闯荡曼哈顿，修建君悦大酒店、特朗普大厦和一栋栋奢华的大楼。相形之下，库什纳的经历要坎坷一些。2005 年，老库什纳因逃税、非法政治献金等罪名被捕入狱时，库什纳从哈佛大学毕业不久。24 岁的他一夜成为家族企业的代言人。2007 年，金融危机爆发之前，库什纳通过家族帝国库什纳集团，斥资 18 亿美金，大胆收购第五大道 666 号摩天大楼。金融危机中他辗转腾挪，重组贷款，和 1990 年代的特朗普一样，殚精竭虑，度过危机。

第五大道 666 号大楼是库什纳财富帝国王冠上的珍宝，也标志着库什纳在房地产业的正式登场。四年后，库什纳将 49.5% 的股权卖给沃拿多房产信托，他与罗思的合资由此开始。直到特朗普上台后，罗思还与库什纳商讨这栋楼的投资大计。

家庭关系与财富背景成为特朗普与库什纳身份认同的根基。库什纳和特朗普一样，除了投资房地产生意，也投资媒体。2006 年，库什纳买下《纽约观察者报》。比特朗普更进一步的是，库什纳还投资电商，他那些硅谷的朋友在 2016 大选之中帮了大忙。

在个性上，库什纳与特朗普截然相反，他沉静内敛，不爱抛头露面。然而在技术层面，库什纳发挥了极其关键的作用，将他那位美国政治史上罕见的候选人岳父送入白宫。库什纳的身边人形容，如果特朗普是首席执行官，库什纳就是首席运营官。在特朗普竞选之初，库什纳是真正的运营者。从最初研究税务政策和贸易问题立场，到疏通关系组建团队，再到管理竞选资金，管理特朗普日程，商人库什纳以经营创业公司的方式经营竞选，成为特朗普的得力助攻。

库什纳最为关键的举动，是将宣传火力放在社交媒体上。最初二人一边嚼着麦香鱼汉堡，一边讨论社交媒体在大选中的威力尚未充分挖掘。在特朗普为数不多的身边人中，库什纳成为他脸书账号最初的运营官。库什纳在硅谷友人的帮助下，迅速开始使用基于大数据分析的微定位策略，发起社交媒体宣传攻势。

这场宣传是极为成功的。库什纳以商人的敏锐，坚持用最少的成本，将特朗普的讯息最大程度地投向目标人群。最终特朗普的竞选花费远低于希拉里。库什纳和特朗普一样，同样是政治的局外人。尽管八年前奥巴马的竞选已经开始触碰社交媒体，但华盛顿最正统的宣传方式仍然是电视、报纸和网站广告。2016 年，美国成年人中使用社交媒体的比例，已经从

2008 年的 24%、2012 年的 56%，上升到 78%，近半数选民通过社交媒体获得大选相关新闻。在美国历史中一个十分微妙的时刻，社交媒体以前所未有的强势将受众的民粹情绪点燃，将潜在的支持者和投票人击中，唤出，一齐将特朗普推入白宫。

在特朗普的选战中，库什纳的数据运营越发娴熟，并且成为重要向导：该到哪里演说，该从哪里募款，该往哪里投放广告。他的策略为特朗普量身定制，并且完美奏效。如果说民粹主义的愤怒与恐惧主导了大选，那么完美助攻这一情绪的，正是库什纳的数据与企业家精神。

现在你不难明白，为什么特朗普对库什纳如此信任。如果说特朗普以局外人的身份从 17 位共和党候选人中脱颖而出，库什纳则以局外人的方式将特朗普送入白宫。

特朗普上台后，在他的小圈子里，以库什纳为首的家庭成员始终占据着外人难以理解的决定地位。在特朗普的团队中，当初由库什纳、伊万卡等家庭成员力荐的人，后来均在不同时刻发挥重要作用。比如副总统彭斯，他最初成为特朗普的竞选搭档与库什纳的推荐不无关系。

当然，家庭成员的介入为特朗普的决策特点带来许多不确定性。在华府建制派的抱怨中，这种家庭化的秘密决策，几乎成为特朗普的一种意识形态。他对家族政治的迷恋，远远超过对专业人士意见的听取。特朗普将库什纳和伊万卡任命为总统顾问和助理，将皇亲的权力制度化，让这些家庭成员成为一张不可预测的王牌。

一方面，皇亲政治本身就意味着利益冲突的无法剥离，它牵扯的首先是由家庭成员照看的特朗普财富帝国、库什纳家族的财富帝国，以及由此衍生的千丝万缕的金钱联系。另一方面，皇亲政治很可能越出美国政治体制的约束与制衡，令总统决策面临脱轨的风险。

上台后的特朗普，身边有激进派，也有建制派，前者为他的执政目标提供理念源泉与现实动员，后者帮他维系与国会建制派的沟通，以及白宫团队自身的稳定。家庭成员则是一种凌驾其上的平衡。特朗普不会事事咨询他的儿女们，但这些家人拥有他的耳朵，在他决策的最后一刻提供他最信赖的建议。

皇亲特权可能随时可以打破平衡。例如，皇亲国戚与“高盛帮”的精英们如因抱持相似主张不断走近，可以让特朗普小圈子里的势力消长分分钟改观。

伙伴与金主

除了家人，特朗普的亲信是他生意上的伙伴们，比如他最早期的支持者、“破产大王”罗斯那样的人。这些人为他提供支持，包括竞选建议，也包括竞选献金。事实上，特朗普的伙伴与金主之间有很大一部分是重叠的，多位富豪大亨与他既有密切的生意往来，又向他的竞选捐钱。特朗普将其中一些有意参与的同类，带入白宫的小圈子。

婚礼算是一个观察朋友圈的完美场所。除了家族姻亲外，请来的友人正是最私密的社交圈所在。从这个角度来说，被特朗普安插进内阁的罗斯和姆努钦，都算得上特朗普的小圈子伙伴。

1995 年，罗斯再婚时，特朗普是现场的宾客之一。更有意思的是 2017 年姆努钦再婚，他与好莱坞女星路易丝・林顿的婚礼在华盛顿古老的安德鲁・梅隆礼堂举行，礼堂对面就是特朗普国际酒店，酒店专门安排了包厢和专车，穿过短短的第 12 街将宾客送来。毫无疑问，宾客中言笑晏晏的就有特朗普和梅拉尼娅、库什纳和伊凡卡。

特朗普小圈子里的商业伙伴除了这些华尔街富豪，还包括来自制造业、烟草业、餐饮业以及他最为熟悉的地产业的大亨们。无论在哪个行业，像罗斯和姆努钦这样愿意进入白宫的亿万富豪是少数。对于直接接受公职，许多商界大佬没有多少兴致。除了工作内容迥异、收入不可同日而语，对他们而言，时间就是金钱，生意场上争分夺秒，哪里顾得上一份公职。

特朗普当然深刻理解这种心境。1999 年，他有意以改革党候选人身份参加总统大选时，曾在 CNN《拉里 · 金现场》脱口秀中一语道破商人参选的心情。“我的赌注太大了。政客们参选，不过就是从一间办公室走进另一间办公室，换汤不换药。但假如我决定要参选，我要放弃的东西太多。”

同样的，等到他真的入职总统，他身后固然有许多寻求影响政府政策的商界精英，但其中被他直接邀入白宫的，是很少一部分。一些亿万富豪被特朗普安上顾问的头衔，在他的顾问委员会里兼职，这种非正式职位上的顾问角色要灵活得多。特朗普上台之初设立制造业委员会和战略与政策论坛，两大委员会集结起美国各大企业高管，为总统提供政策性建议。

自竞选时起，特朗普就组建起一支非正式经济顾问队伍，位列其中的有被特朗普描述为最好朋友的地产大亨霍华德 · 罗伯，有柯罗尼资本创始人、特朗普竞选的大金主托马斯 · 巴拉克，有亿万富豪银行家、特朗普的旧相识安迪 · 毕尤，还有特朗普一直以来的支持者、对冲基金巨头约翰 · 保尔森。

特朗普还曾力邀两位相识数十载的曼哈顿地产商，为他主持基建委员会。一位是他的合伙人、沃拿多房产信托的创始人史蒂芬 · 罗思，另一位是理查德 · 莱弗拉克，他家的地产王国可追溯至 1905 年，莱弗拉克的祖父当初从巴基斯坦移民到美国，在纽约着手建造家族财富王国。

而一些否认与特朗普有友谊、但特朗普想要报恩的亿万富豪，也受到邀请。比如当初买他泰姬陵赌场债券、在他破产重组时为他力排众议的华尔街大佬卡尔·伊坎。特朗普最初力邀伊坎担任财政部长，伊坎拒绝，理由是，“我从来没给人打过工”。

总体而言，所有这些走入政治前台、被人放在闪光灯下检视的，实在只是冰山一角。并且，走入前台意味着政治束缚，这种束缚逼着人公开站队。特朗普就夏洛茨维尔事件表态后，多名高管从特朗普的制造业委员会和战略与政策论坛辞职，特朗普随后在推特上宣布两大委员会解散。接着伊坎辞职，尽管他没有直接称自己的离开与特朗普的种族冲突表态相关，只说不愿因自己的职位引发两党之争。基建委员会也不了了之。夏洛茨维尔事件后，有记者将电话打遍地产圈，助理们推辞说老板在出差或者在开会，尽量躲闪。有几个过从亲密的生意伙伴，恰恰因为与特朗普的往来为人所知，反而被迫公开谴责，避免殃及商业利益。

总而言之，特朗普背后更多的商业联系并未进入白宫，并未在政治的框架内公开透明、一览无余。如果说商业精英寻求植入政治议程的渠道是多姆霍夫所谓“波西米亚丛林俱乐部”式的隐秘网络，那么随着特朗普的崛起，他身后的商业网络如今拥有的是更为私密的、直接的议程植入渠道。

这些商业联系在一定程度上的确受到美国政治体制的约束。比如特朗普在宣誓入职前一日曾签署文件，宣布放弃400多项商业任职。他内阁中的亿万富豪们在就职时，一并签署职业道德协议文件，对利益冲突及解决办法进行说明。

然而正像美国人所担心的，在美国政治史中，从未有一位总统有如此复杂、隐秘的商业利益勾连，并且这种勾连并不限于美国国内，它将为政治利益甚至美国国家利益带来何种影响全然未知。特朗普上台后，不止一家研究机构开始建立开放的数据库与人际网络地图，号召公众一起添加特朗普的商业脉络，试图按图索骥，通过金钱的流动，将他背后的利益世界和盘托出。一张张财富云图开始建立，并且迅速变得立体。

当你点开已然密密麻麻的云图，将每一条线索放大、拆解，你所面对的金钱隐流无穷无尽。有些也许无关紧要，埋藏着细碎的商业日常，有些已为人熟络，却仍不知影响几何。这其中的绝大多数，因为种种因素一再避开细节申报，在设计门槛较低的总统个人财报上亦不见踪影。在这些云图上，特朗普的那些小圈伙伴们彼此之间也是熟识的。比如保尔森和姆努钦一起投资，而曼哈顿牛排馆里伊坎的八十寿宴上，霍华德·罗伯是为数不多受邀前往的同行密友。这圈子无边无际，无限扩展。它是一个讲不完的故事，盘根错节细密织就；它是一个实时演进的实验，是美国政治的实验，结局不到最后一刻无人知晓。在庞杂错综的商业联系里，究竟哪一重联系在何地何时、以何种方式影响他的决策日常，全然不可预知。

孤僻的斗士

需要指出的是，尽管小圈子决策已经成为特朗普入主白宫后的决策特征，但在这个小圈子里，除了家人，他并不真正信任下属、友人和那些追随者们。在 1990 年《花花公子》专访中，特朗普曾经专门谈到，“我是一个非常不信任别人的人。我一直下意识地研究他人。我喜欢考验友情。如果我的境遇没那么顺利，我的电话是不是就不会再响起？这些人的献媚是不是就会消失？人生中的一切对我而言都是一场心理游戏”。

特朗普还坦承，自己一直考验下属，他把手下派去买主那里，让对方贿赂他们，以此考验下属的忠诚度。“让我惊讶的是，那些最不可能在承包商那儿接受旅游贿赂的人接受了，一些最可能接受的人反而回绝，”特朗普说，“如果你不去考验，你永远都不会知道。”

这种下意识的观察与考验，被特朗普一并带入白宫。在人马杂沓的政治中，在来自国会的直接掣肘前，特朗普习惯性地保持孤僻的斗士姿态。对此，他的老友有着精辟的评论。

2017 年 3 月 30 日，特朗普的老友、拉斯维加斯赌场大亨菲尔·鲁芬前往白宫探望。那时特朗普正处于入职后的最初煎熬之中，“通俄门”的指责以及医保改革中共和党人的内讧如火如荼。前往白宫探望的鲁芬感慨道：“那真是一份孤独的工作啊。”

在特朗普的老朋友中，鲁芬正是对白宫公职兴致寥寥的那一型。他与特朗普私交甚笃。在生意场上，他与特朗普在拉斯维加斯合伙开发特朗普国际酒店，在经济危机的惨淡光景中，二人并肩作战，相互打气。在生活中，鲁芬 2008 年再婚时，特朗普是他伴郎，婚礼地点就在特朗普佛罗里达棕榈滩的海湖庄园，宾客住宿皆由特朗普买单。两对夫妇过从亲密，在佛罗里达一起看电影，同为东欧移民的两位夫人还常常互发短信大聊育儿经。对于与特朗普见面通常聊什么，鲁芬如今的回答颇具技巧，“就是亿万富豪通常会聊的那点事儿呗，比如公司专机、高尔夫球赛，还有哪些熟人又做成了什么生意”。

身为密友，鲁芬对特朗普的观察很有意思。在他看来，面对棘手的问题，特朗普喜欢听到各种各样的意见，“他会把所有人招来，问你对这个怎么想，对那个怎么看，他把这一切在脑中过一遍，然后自己拿主意”。特朗普的另一位老友、地产大亨霍华德·罗伯也是这么看的，“我一直觉得，你可以对他畅所欲言，他会听着，但那不代表他同意，然后照你说的做”。

他们道出的行事方式，正是特朗普在总统任上仍然延续的决策特征。来自商界的特朗普直接问鼎白宫，他本人身后是一个何其庞大深邃的财富世界。他与其中一些人有天然的认同，他以他们为盟友，将他们组装起来、召唤出来，听取他们的声音。而他身份的特殊性，让这种决策成为华盛顿一场全然陌生的实验。这场政治实验没有模板，没有成型的机制，一切化学反应正在发生之中。就像特朗普驾驭内阁的态度，就像他对政府政策的态度，他带着商人的思维与颠覆的野心，以旁观者的姿态观察着。他希望一切是动态的，一切先杂糅、呈现，而他在动态中寻找颠覆与平衡的路径。

在特朗普的小圈子里，很多人拥有他的耳朵，但除了家人，他并不真正信任任何人。他早已习惯了百分之百保持警惕，他观察别人，研究别人，试探别人，试探友谊，对他而言，“这是工作中的自我保护”。而这些商业精英们当然不是木偶。在他的小圈子里，在两相磨合的过程中，除了皇亲国戚，不停有人离开，不停有人补位上来，他决策小圈子的动荡从未停歇。

建制派的失落与反击

无论特朗普的小圈子内部如何演进，商人总统在决策进程中的特立独行，与美国传统政治体制之间势必存在博弈。上任后寻求颠覆行动的特朗普，面对着多重张力。一重张力来自民众，包括期待他兑现承诺的铁杆选民，也包括纽约街头那些从他一家酒店游行到另一家酒店的抗议者。一重张力来自党派政治，包括共和党内讧和两党之间的博弈斗争。而更直接的一重张力来自体制架构与官僚机器本身。坐在白宫办公桌前的特朗普，须时时捡拾一个斗士的勇气，方能日日面对星罗棋布的制度藩篱和庞大官僚机器的惯性。

在米尔斯的“权力精英”理论中，在经济、政治、军事领域里来回穿梭的精英们，从来不是铁板一块。而以局外人姿态闯入华盛顿的特朗普，与建制派精英间的博弈尤为突出。

特朗普对建制派的反感溢于言表。自 1980 年代起，他已反复倾吐。2016 年 10 月，大选的最后关头，特朗普在宾夕法尼亚州葛底斯堡发表演说，详述如果他上台，他行将施行何种“百日计划”。特朗普称，自己之所以在这里宣布施政承诺，正是希望像林肯那样，挑战美国政治中的建制派。到了 2017 年 1 月，在总统就职演说中，特朗普再次抨击说：“华盛顿的一小群人长期攫取利益果实。建制派们保护的唯有他们自己。”

上台之后的特朗普姿态愈发鲜明，他极力避免被“建制派”同化。在特朗普身边的决策小圈子里，共和党传统建制派的失落与被架空是日渐明显的趋势。而面对国会的建制派力量，特朗普亦竭力布局。上任百日内，他签署颁布了 30 道行政令，是自杜鲁门总统以来之最，他同期签署的立法文件数量是近五任总统之最。

华盛顿的建制派当然做好了抵抗的准备。早在特朗普竞选之时，共和党内部的建制派代表人物一批一批登台声明，或是发表联署公开信，宣布与特朗普划清界限。当中包括参议院共和党领袖米奇·麦康奈尔，包括支持中美贸易的共和党人罗伯特·佐立克，还包括起初为特朗普背书、后因他言论争议宣布取消背书的共和党大佬约翰·麦凯恩。倒戈支持希拉里的也大有其人，包括布什家族和前国务卿科林·鲍威尔。

国会作为制衡总统的传统机构也行动起来。第 115 届国会就位以来，对特朗普人事提名的听证与批准创下历史最慢纪录。国会大力支持“通俄门”调查，支持针对特朗普的利益冲突调查，这对特朗普形成一定牵制。此外，在预算、税收、医疗、贸易政策等重大议题上，国会建制派对特朗普政府决策拥有一定的塑造空间，特朗普的医改法案在国会一再撞墙就是一个鲜明案例。

更值得一提的是，美国国会历来被称为“百万富豪俱乐部”。在特朗普和他的一众大亨盟友闯入后，国会的“富豪”标签悄然隐没。国会的富豪们，与特朗普本人及其小圈子的富豪们，并无认同。

2011 年“占领华尔街”运动爆发时，《纽约时报》曾援引响应性政治中心的数据，称抗议者只将矛头指向华尔街，却忽略了美国国会这一“富豪俱乐部”，国会议员与他们所代表的民众之间的贫富鸿沟越来越宽。

响应性政治中心的数据显示，在当时第 113 届国会的 534 位议员中，资产超过百万美元的有 257 人。2012 年，国会百万富豪的数量达到 268 人，在美国历史上首次超过半数，被视为美国政治的“分水岭”时刻。这些国会议员们的投资多分布在房地产和股票投资，外界质疑他们利用接近信息源的优势为自身牟利，令国会成为有钱人的游戏场所。

有意思的是，特朗普和他的亿万富豪友人们上台，将美国政治引向一种颠覆性的商业与政治连锁，而对于这种连锁，国会的富豪们敬而远之。在新的政治进程面前，国会富豪们的“建制派”标签远远大于所谓“百万富豪”标签。这些国会富豪们与特朗普属于两个世界，不仅平均财富规模要小得多，大部分议员与特朗普之间既无商业联系，也无人际纽带。在充满不确定性的政治环境中，议员们纷纷抱团，对他们而言，在白宫入新主的政治环境中努力争取地方选民的支持率才是头等大事。

共和党议员达雷尔·伊萨长年霸占国会富豪榜首，被称为众议院“小特朗普”。他曾在大选早期力挺特朗普，但这种微妙关系在特朗普上任后急转直下。伊萨甚至成为第一位呼吁调查特朗普竞选内幕的共和党国会议员。有一种解释是，“小特朗普”的惊人转变正是为了与特朗普划清界限，向他选区内那些已然不满的选民展现自己的“诚实”与“政治独立性”，从而维持下届继任的可能。

一言以蔽之，在美国权力的最核心处，一位亿万富豪“局外人”的崛起，让美国政治正以极为有趣的方式持续演进。

第三部分
特朗普的启示

权力之巅的亿万富豪局外人，将会面临怎样的政治结局与命运流转?在全球政治语境中，特朗普样本会不会不断复制，成为政治游戏的新表征?有意思的是，试图拷贝特朗普商人元首养成模式的亿万富豪样本，已经出现。

11
可以复制的特朗普？

特朗普纪念品商店里的特朗普模型。在试图拷贝特朗普模式的富豪身上，你能看出商人元首养成的一些基本条件：有钱，有名，以及看准民粹的时机。｜作者摄影生于1965年的印尼富豪陈明立，是特朗普在印尼的生意伙伴。陈明立也是地产大亨，在2017年《福布斯》排行榜上，他的身家约11亿美元。他与特朗普有两桩合作生意，一桩是雅加达郊区的特朗普大酒店，一桩是巴厘岛上海神庙旁的六星级高尔夫度假村。2015年，双方签订开发协议，两桩生意所有人都是陈明立，特朗普授权商标使用，参与部分管理。

在特朗普的总统就职典礼上，有一群特殊的观礼人，那是他在全球各地的亿万富豪合伙人们。在商界，他们与特朗普合作形式大多是使用“特朗普”三个字，为自己在本国开发的地产冠名。陈明立正是这群观礼人中的一位。相比其他富豪，他最鲜明的特征在于总结并且复制特朗普元首养成模式，他曾公开表示，特朗普是激动人心的、可以复制的范本。他的雄心壮志是，依照特朗普的总统养成步骤，“十年内成为印尼总统”。

富豪元首养成手册

在印尼，有人将陈明立称为“印尼特朗普”。二人的确有一些相似之处。陈明立也是地产帝国的所有人，在他那些宫殿般的酒店和高尔夫球场里，他和特朗普一样，追求宾客走进第一眼的“哇哦”效应。他也注重经营社交媒体，在推特上，他拥有百万粉丝，每天发推十条以上。此外，他也热爱真人秀，举办选美大赛。在个人生活中，他同样拥有美貌妻子，他在雅加达的豪宅遍布巍峨廊柱，棕榈树和富丽堂皇的大理石。

最为戏剧的是，在陈明立身上，你几乎看得出一本他试图遵循的特朗普式富商元首养成游戏的通关手册。对于陈明立的高调，印尼一些观察家嗤之以鼻。无论如何，这个鲜活样本映衬出时代语境里，商人面向权力巅峰的需求与认知。试图拷贝特朗普模式的陈明立，折射了商人元首养成的几个基本前提。

首先，要有钱，在恰当的时机拥有充足资金立即发起竞选。不同国家的政治生态千差万别，但相同的是，政治的运作从来离不开雄厚的财力支撑，在财富爆炸与财富集中的时代，亿万富豪们的财力支撑尤为坚实。印尼身为千岛之国，光语言就有700多种，与美国社会截然不同。但印尼人同样承认，在复杂的竞选中，陈明立拥有为动员机器注资的财力。

和特朗普一样，陈明立少年时同样背负地产商父亲的期望，被父亲送入名校求学。陈明立就读于加拿大卡尔顿大学和渥太华大学，毕业后同样拿着父亲的启动资金，开始财富帝国建造之路。很快资金利滚利，他开始挺进首府雅加达。和特朗普一样，他也不眠不休，每天只睡四小时，并将自己视为截然不同于财富继承者的、靠自身奋斗取得成功的商人。

在个人财富积累生涯中，1990年代末的亚洲金融危机被陈明立视为他的“黄金时代”。他在危机期间低价收购资产，数年中投资近10亿美金。在他四处出击、不断扩张财富帝国时，同样有人不断追问他，有没有竞选总统的打算。就像1990年代特朗普开始考虑参选，陈明立的表述是，“我想要进军政坛，我得从生意场转向，朝着政治继续前进”。

2014年，陈明立初试牛刀，他加入民心党，与前印尼国军总司令威兰多搭档，角逐正副总统。当年胜出的是有“印尼奥巴马”之称的佐科·维多多。陈明立则立刻组建自己的团结党，继续寻求总统之路。

其次，要有名，要为人所知。

与特朗普一样，陈明立与媒体走得非常之近。但比特朗普更进一步的是，陈明立的财富帝国直接包含媒体产业，他收购过报纸，兼并了几十家电视台，拥有影响公共舆论的媒体机器。

和特朗普一样，陈明立大办选秀节目积攒人气，许多黄金时段收视火爆的节目出自他名下的电视台。在阶层固化严重的印尼，陈明立看准选秀节目带来的名利效应，制作了印尼版《美国偶像》。接着选美大赛登场，2005年印尼小姐选美大赛、2013年世界小姐选美大赛皆出自他麾下。

特朗普当选后，陈明立开始酝酿印尼版《学徒》真人秀，他有意自己出演幕后大老板，达到真正的家喻户晓。有媒体问他，拷贝这个真人秀要有金句，特朗普的金句红得发紫——“You’re fired”，你的金句是什么？陈明立稍一思肘脱口而出：“You’re stupid！”

和特朗普一样，陈明立也将媒体视为巨型扩音器。他在推特上不停发文，所到之处皆有摄影师跟着，记录他的一举一动，作为推特的配图。2016年美国大选过后，与特朗普的关系成为他的“优势”之一。他告诉媒体，如果现任总统有意，他乐意帮忙疏通与特朗普的关系。2017年1月，陈明立夫妇受邀参加特朗普就职仪式。陈太太在Instagram（照片墙）上发布照片和视频，分享与特朗普家人共度时光的场景。

最后，也是至关重要的一点，是民粹的时机。

身为亿万富豪的陈明立，同样十分认可瞄准底层的战略。在他上一次寻求竞选时，印尼的经济增长放缓成为契机。陈明立提出的政策包括针对穷人的住房补贴、教育贷款，也包括旗帜鲜明的贸易保护。在他看来，在当地收割季限制甘蔗进口，可以帮助农民卖个好价钱。面对媒体，陈明立直接复制特朗普的口号，“在美国，有‘让美国再伟大’，而在印尼，‘让印尼再伟大’正是我进军政坛的原因”。

四个规律

如果说陈明立的案例只是拷贝特朗普的尝试，尚不足以成为参考样本，那么梳理以往商业精英问鼎政坛的案例，可以得到更多有意思的启示。

学术界关于商业精英问鼎最高权位的研究未成气候，其中一大原因是样本规模。在美国，商业精英问鼎白宫，远远没有商业精英入阁那么蔚然成风。狭义来看，如果我们把“商人总统”定义为以商人身份直接当选的总统，那么这样的样本只有特朗普，他的政治崛起在美国前无古人。

如果我们把定义放宽，涵盖那些拥有成功商业精英身份、但在问鼎白宫前已有从政资历的总统，那么在20世纪的美国，这样的总统只有五位，分别是前报业大亨沃伦·哈定，前银行副总裁卡尔文·柯立芝，前矿业富豪赫伯特·胡佛，以及曾经身为石油公司老总的布什父子。

横向来看，在其他国家，商人问鼎政治权力巅峰的案例同样存在，只是同样的，大多数企业家总统在就任前多少已有从政资历。近年令人记忆犹新的商人元首包括黎巴嫩的拉斐奇·哈里里（1992年与2000年两度上台），泰国的他信·西那瓦（2001年上台），加拿大的保罗·马丁（2003年上台），意大利的西尔维奥·贝卢斯科尼（1994年、2001年、2008年三度上台），匈牙利的费伦茨·久尔恰尼（2004年上台），韩国的李明博（2008年上台），智利的塞巴斯蒂安·皮涅拉（2010年上台），巴拉圭的奥拉西奥·卡特斯（2013年上台），乌克兰的彼得·波罗申科（2014年上台），等等。

由商业精英转化而来的政治领袖，命运结局各不相同，其中一些人将他们的商业天才成功用于政府治理，另一些人则财富丑闻缠身，甚至在军事政变中仓皇下台。上面提到的这些元首中，首登权力巅峰之前没有从政经验的，只有意大利的贝卢斯科尼。事实上，特朗普横空出世时，意大利人曾经调侃说：“在意大利，我们已经见识过一个特朗普了。”在他们看来，贝卢斯科尼同为房地产大亨，同样富于娱乐色彩，同样面临纳税记录争议，同样以反正统的民粹主义政治风格闻名。

在不同的国家，人们从特朗普样本身上看见似曾相识的历史，或者对未来的启示。每个国家的政治生态与政治光谱截然不同，不可武断政治势力的消长，贸然推测在下一张历史大幕前哪一派隐退、哪一派登场。但特朗普样本仍然有着广泛的启示意义。在发达世界里，意大利人从特朗普身上看见贝卢斯科尼。而在亚洲发展中国家的语境中，人们想起的是曾被称为“泰国特朗普”的他信。这种类比耐人寻味。

事实上，他信家族与特朗普素有私交。2016年特朗普当选后，他信、他信的妹妹英拉和为泰党立刻向特朗普表示祝贺。在泰国的公众舆论中，对特朗普的看法与对他信的看法高度关联。那些支持他信的底层民众，对特朗普普遍抱持正面看法。

特朗普政治崛起的现实处境，曾被看作与他信当年的处境相似。一些熟悉泰国政治的人，将他信看作特朗普早在16年前的“开拓者”，将特朗普视为“美版他信”。

生于1949年的他信是电信电视业亿万富豪。在曼谷传统精英集团眼中，他信是政治圈的局外人。然而他信立誓推翻传统秩序的民粹主义政策，受到底层选民支持。2001年，他信当选泰国总理。自2006年起，他信在军事政变中下台，历经流放。尽管腐败丑闻缠身，他在泰国北部农村仍被视为英雄。既往十年间，泰国政治在他信妹妹英拉与军政府之间摇摆。支持他信的“红衫军”不断大规模示威，与军警冲突激烈。

总体而言，从打着民粹旗号登上权力巅峰的商人元首身上，可以总结出四个基本规律。从中也可以看出，复制特朗普式元首养成步骤虽有娱乐成分，但背后有其政治逻辑可循。

第一，对商业精英而言，雄厚的财力支持是在政治权力竞争中脱颖而出的核心保障。第二，无论在商界的名气如何，商业精英在参加政治竞争时必须已经成为公共舆论领域的明星。商业精英攀登权力巅峰，有钱与有名是共通的基本条件，这两点无须赘言。

第三，依托民粹主义契机，突破既有权力结构，是商业精英的关键策略。

民粹主义本身是情绪化与碎片化的，但它背后是发展矛盾和利益分配的交互纠结，以及随之而来的政治不确定性风险。特朗普现象正是这一不确定性的典型反映。事实上，特朗普的横空出世本身就是一场成功的社会运动。在 1980 年代以来全球化进程中财富分配不公的大幕前，特朗普利用了既有政治权力不能有效规制资本的简单民粹思想，以体制外的英雄形象走上权力巅峰。

而早在特朗普上台之前，他信就已经演绎了如何克服富豪身份与民众的鸿沟，将民粹主义情绪契机牢牢握在手中。他信上台的幕布，是 1980 年代以来全球化愈演愈烈的进程中，泰国面临全球化外部风险和国内发展失衡的结构性瓶颈。1997 年亚洲金融危机则成为直接导火线。

在全球化浪潮中，泰国获益颇丰，但“出口导向”经济与 1990 年代初的金融资本市场开放，让泰国经济极易受到外部市场波动的冲击。与此同时，1990 年代以来，泰国贫富差距居高不下，不同社会群体之间的利益分配困境、尤其是农民与城市中产之间的利益分配困境成为棘手难题。

他信本人的财富崛起于泰国经济兴起的 1980 年代。1997 年亚洲金融危机后，他已准备好，以商场赢家身份，带领泰国再次兴起。在被遗忘的农村选民面前，他信承诺将财富带入乡村腹地，即刻实施免费医疗和小额信贷。2001 年，他信组建的泰爱泰党赢得一场划时代的选举。2005 年，他信再次以压倒性优势当选总理。

在他信看来，商人在把握民粹契机方面是拥有天然优势的。2016 年特朗普竞选期间，他信在一次采访中表示："虚张声势是我的风格，如果你细看特朗普的言论，他是在虚张声势。这真的是商人文化。商人和商人的文化是非常相似的。成功的商人进军政坛，可以给政治竞选带来新鲜空气。"

第四，结构性利益诉求，是商业精英颠覆权力结构的根本动力。

在美国，特朗普现象代表着传统产业资本集团的一次反击。在经济金融化与经济全球化的浪潮中，产业资本集团与金融资本集团的纠缠事关美国的前路。

而在他信崛起的样本中，他信背后是新兴服务业与高新技术产业资本集团。他信上台后倡导打破"充足经济"保守道路，奉行"他信经济"革新道路。他的胜出代表着新资本集团在与军人集团、官僚集团、保皇派、城市中产阶级等数种政治力量的博弈中脱颖而出。

对于寻求克隆特朗普的案例而言，第四个条件其实是最困难、也是最关键的条件。前述三个条件或许可以在个体策略层面完成，第四个折射的则是元首背后一个有意识、有诉求的商业精英群体，以及这一群体在社会权力结构中的位置。

民粹主义的当下

特朗普样本的诞生与特定的社会体制和社会条件有关，各国政治生态千差万别，不可同日而语，但特朗普式元首样本折射的民粹主义诉求与社会权力结构的演进具有广泛的启示意义。

19 世纪以来，民粹主义在世界史的进程中有过三次浪潮。第一次发生在 19 世纪末现代化转型中的俄罗斯和美国。俄国民粹派运动和美国人民党运动皆寻求维护农民利益，反对资本主义。

第二次发生在20世纪中期后殖民地时期的拉美。民粹运动领导人上台后，推行具有民粹主义特色的经济政策。这是一场民粹运动，也是一场民族复兴运动。在一段漫长的历史时期里，民粹主义几乎成为拉美的标签。

第三次则是1980年代以来世界性民粹主义的崛起。冷战结束后，民粹主义复兴浪潮席卷欧洲和北美。政权更迭与政策转换往往伴随着对建制派精英的颠覆性冲击。这一波民粹主义恰好又与世界政治转型的第三波民主化浪潮重叠，在包括亚洲在内的多个地区异军突起。

以特朗普上台、英国退欧为代表的大西洋两岸政治生态，成为民粹主义复兴运动在21世纪的总爆发，它汇聚了既往30多年间经济全球化进程中大大小小的民粹运动。世界性民粹主义的崛起，背后是全球化浪潮中许多国家之间一个令人深思的共性：平民主义与精英主义撕裂严重，贫富差距突出，社会动荡风险加剧，民族主义锋芒毕露。而特朗普的上台反过来在其他国家身上产生叠加效应，令一些国家内部的民粹主义和民族主义受到鼓舞。

不同社会发展程度不同，结构性利益诉求不尽相同。在社会发展的进程中，如何容纳不同利益群体的诉求，如何预防民粹主义风险，如何在纠正资本的同时善待资本，在纠正经济结构失衡的同时推动经济增长，成为测试各国智慧的新考题。

对许多发展中国家而言，既往30余年的全球化进程带来巨大财富，也带来了社会发展的不均。随着社会权力结构的演进，不同利益主体迅速发育，而发育程度往往不均衡，强势集团控制社会资源，底层庞大而碎片化，中间层则发育迟缓，并且与底层矛盾凸显。

在不同利益主体彼此博弈的阶段，商业精英的地位崛起已成事实，而他们在多大程度上成为一个有群体意识和政治动员力的群体，成为社会进程中的一个关键变量。

还是那句话，每个社会的政治生态与政治光谱千差万别，不可同日而语。从特朗普的崛起案例中，一些社会看见似曾相识的历史，另一些则看见对未来的启示。

12
商人与总统双重身份的冲突

新开业的华盛顿特区特朗普国际酒店。特朗普走马上任后，这里成为富豪、政客与社会名流们的社交心脏。丨作者摄影

特朗普式富豪元首养成的一大特征，是商人元首身后无穷无尽的金钱隐流、难以规制的利益纠葛。元首的政治命运线索也常常埋藏其中。利益冲突风险是特朗普样本的重要标志，又蕴藏着对民主本身的启示。

2017 年 1 月 19 日，特朗普就任第 45 任美国总统前一晚，华府新近开张的特朗普国际酒店是个无比热闹的所在。衣冠楚楚的富商名流从世界各地赶来，带着女眷家属，下榻于他们共同生意伙伴的豪华酒店。富豪们等着观摩这位生意伙伴摇身一变，成为在全球头号国家手握最高权位的人。

这座新开张的酒店是一百多年前的罗马式老建筑。2013 年，特朗普买下这里的土地租赁权，将内里陈设改为典型的特朗普风。酒店在 2016 年总统大选前两个月开业。玻璃天幕之下是一架架金色横梁，巨型吊灯映着贵族蓝的沙发、大理石和手工织毯。随着酒店老板当选总统，这里成为富豪、政客与社会名流们的社交心脏。

总统入职典礼前一晚，相约在大厅碰面的酒店客人中就有特朗普的两位生意伙伴："印尼特朗普"陈明立、迪拜地产大亨侯赛因・沙瓦尼。身着长裙的夫人们一并现身。四人相谈甚欢，合影留念。合影随后被陈明立发在 Instagram 上，相片上四人在大厅织毯前站着，远处的椅子上还有两人戴着特朗普标志性红帽子，上面印着"让美国再次伟大起来"。

大厅之上 263 间豪华套房里，当晚的总统套房预留给准总统和他的家人。住客中除了远道而来的外国生意伙伴，还有特朗普的挚友、拉斯维加斯赌场业大亨菲尔・鲁芬。鲁芬后来向总统抱怨，他下榻的房间一晚收了他 1.8 万美元。特朗普的揶揄回答则是："与我无关，我已经放手不管。"他指的是就职总统前的安排：特朗普集团交由他两个儿子和一位集团财务官接管。

从土耳其、印度、菲律宾，到阿联酋、加拿大、印尼，再到美国本土

华盛顿特区特朗普国际酒店是一个世纪前的罗马式老建筑。 | 作者摄影

大本营，身为特朗普生意伙伴的巨贾们在美国政治的重要时刻现身华盛顿，准备观瞻他的正式变身。他们是特朗普庞大商业帝国人际网络的缩影。身处这一全球性金钱与权力网络中心的，如今是一位最有权势的人。在这个网络中，中心人物的地位飙升让金钱与利益的嗅觉变得异常灵敏。而对于这种灵敏，美国传统政治一时尚且无法应对。

这正是特朗普身上饱受诟病的利益冲突所在。特朗普在生意场上收获的人脉，与他个人的商业思维、行事方式一样，无处不在。这些和他商业帝国一路走来的人与事蛰伏着，并不一定时时出动，却又如此显而易见地渗透在美国政治的重要时刻中。这也是特朗普崛起过程中一个颇令人无法捉摸的地方：特朗普的总统职责与他商业王国的边界究竟在哪里？或者说，当一位巨贾就任总统，这两重身份间的边界何在？二者的纠葛究竟会酿成什么样的后果和命运？

冬季白宫

从特朗普这一侧看，在许多时刻里，商业思维已经成为他的本能。特朗普当选后的直觉是，他名下产业即将人气大涨。2016 年 11 月底，特朗普向媒体透露，华盛顿特朗普酒店“可能比以前更值钱了”，并且自打竞选以来，特朗普品牌“人气变得更旺了”。

他的判断并非无凭无据。2017 年 8 月，特朗普集团发布数据，尽管此前酒店预期年初四个月亏损 210 万美元，实际业绩是，酒店同期反而赢利 197 万美元。华盛顿那些同级别的豪华酒店，一晚价格大约 500 美元，特朗普国际酒店的价格则高出 30%。总统入职典礼期间，正像鲁芬亲自抱怨的，房费甚至提到一晚 1.8 万美元。这里还举办促销活动，吸引各国外交官来华府出差时下榻于此。

借“总统效应”盈利的并不止华盛顿这一处资产。大选结束后，佛罗里达海湖庄园的入会费用翻了一番，从原先的10万美金涨到20万。纽约特朗普大厦则更加明显，特朗普竞选期间，部分楼层的租金涨为原先五倍。

对于这样的“市场反应”，特朗普本人是推波助澜的。他上任后的周末有两个偏爱的去处，一处是新泽西特朗普高尔夫球场，一处是佛罗里达海湖庄园。新泽西球场的婚礼场地宣传册上，新当选的总统曾是直接卖点：“您大婚当日，如果总统本人碰巧在球场，他可能顺道而来，送上祝福，与一对新人合影。也恳请您与宾客尊重他的时间和隐私。”2017年6月一个周末，Instagram上登出照片，总统果然惊喜现身，与一对新人以及其他付费而来的宾客们欢笑合影。

至于海湖庄园，特朗普则直接安上“冬季白宫”的昵称。他把外国元首的来访安排在棕榈滩上这座宫殿之中。付费出入的会员们如今得到更大的特权。特朗普入主白宫第三周，日本首相安倍来访，特朗普在白宫接见，又将他带去周末的海湖庄园。晚宴在露天餐厅进行，四围正是可随意出入的庄园会员。

晚餐期间突发新闻，朝鲜发射了一枚导弹。会员中有人将现场照片发在脸书上。照片中的特朗普在餐桌前接电话，在手机光照中读简报。一张照片的配文是：“安倍首相正在与幕僚讨论，特朗普总统在跟华府通电话。两位世界领袖商谈之后，走进另一房间匆忙安排记者会。哇……这里是行动的中心啊！”舆论一片哗然：新任总统的百无禁忌可能直接危及国家机密。

以商人身份上台的特朗普，直接绕过太多传统政治的禁忌。他的许多举动首先出于一个商人的行事风格与思维惯性。在他一贯的看法中，政治本身就是可以盈利的。早在 2000 年，特朗普寻求以改革党候选人身份角逐总统时，他就认为自己可能成为第一位“竞选总统不会亏本反而赢利的候选人”。分析人士称，这是因为他可以在竞选中光顾自家生意。

在特朗普商业思维的助推之下，他名下产业受到逢迎已成事实。这种逢迎意味着，无须其他外力，金钱本身即意味着一个机会，可以接近这个全世界最有权势的人。这其中包括住他名下酒店的宾客、买他大楼公寓的投资者、入他俱乐部的会员，还有那些远道而来的全球巨贾们。鉴于他财富产业的特性，在一些交易中，消费方并不一定有什么共谋，交易本身也不一定有什么即刻可期的目标，但既然总统本人仍是特朗普财富帝国的实际拥有者，外界永远无法排除金钱交易对他决策考量的影响，更无从得知其中有何种曲折的联系。那是一种无穷无尽的细密往来、不为人知的模糊边界。

特朗普上任不久，数位民主党议员撰写联名信，要求特朗普公开更多信息，要求他从公布白宫和“冬季白宫”的访客名单开始，让公众看到游说力量的出入细节。然而特朗普上台后的数月中，对民主党议员的质询不加理会已经成为白宫的潜规则。

海外布局

与之前的时代相比，巨贾元首的利益纠葛在全球化的语境中变得复杂得多。商人总统身上的全球利益勾连，甚至可能成为外交关系的新变量。

根据特朗普集团的公开资料，特朗普财富帝国的海外布局主要是特朗普品牌授权，并且这种授权以地产生意为主。简言之，就是把“特朗普”

商标授权给世界各地的酒店、大厦、俱乐部、度假村，让他们挂上“特朗普”招牌。自 1980 年代以来，特朗普集团从未放弃海外拓展，如今这样的合作生意遍布全球多个国家。

特朗普当选后，他的海外生意开始出现在外交谈话之中。根据土耳其媒体的报道，在胜选之后与土耳其总统埃尔多安的通话中，特朗普直接点了他当地生意伙伴梅米特·阿里·雅幸黛戈的名字。“他是你的仰慕者，”特朗普在通话中说。特朗普在伊斯坦布尔特朗普大厦双子楼上冠名，雅幸黛戈正是他在这桩生意上的合作伙伴。

2017 年 5 月，特朗普上任后首访欧洲，在比利时参加北约峰会。在与比利时首相米歇尔的交谈中，特朗普提及他对欧盟的怀疑，原因则是他那些商业经历。当地媒体援引在场人士的匿名爆料，“说起任何一个地方，特朗普都会说起他在那儿做过什么。苏格兰？他说他在那儿开过高尔夫球场，花费多少多少。爱尔兰？他说他在那儿花了两年半才拿到一张执照，这让他对欧盟的印象不是太好”。

特朗普的商业思维反过来又被外国元首用在他身上。特朗普在马尼拉有桩特朗普大厦冠名生意，大厦开发商是菲律宾富豪约瑟·安东尼奥，与特朗普已有数年合作。猜猜安东尼奥的最新职务是什么？ 2016 年底，安东尼奥被菲律宾总统杜特尔特任命为对美贸易特使。

对于商业利益与总统身份的利益冲突，特朗普是清楚的。2015 年底，当时身为布莱巴特新闻网董事长的史蒂芬·班农采访特朗普。特朗普在谈话中提到，“我身上确实有点利益冲突，我在伊斯坦布尔有摩天大楼。那桩生意特别成功，名叫特朗普双塔，不是一座，而是一对双子塔”。

至于如何处理利益冲突，上任 10 日前，特朗普与他的税务律师雪莉·迪伦召开新闻发布会，宣布隔离方案。第一，将特朗普集团纳入保密信托基金，交由两个儿子和集团首席财务官管理。特朗普本人放弃所有商业任职。第二，集团经营范围将仅限于美国，不涉及海外。迪伦宣布："信托基金条款中严格规定，特朗普担任总统期间，不得进行任何新的境外投资。"

然而在现实中，这一条款并未驱散商业与政治的复杂勾连。据媒体披露，在全球不同国家，打着特朗普金字招牌的房地产项目仍在进行，包括印尼巴厘岛上特朗普上台后仍在建造的特朗普高尔夫度假村，还有印度新德里郊区古尔冈的特朗普办公大厦和特朗普公寓大楼项目。从这个角度来看，"新的境外投资"指的是此前与特朗普财富帝国从无关联的交易，而业已签订的项目一切如旧。就像印尼商人陈明立在特朗普当选后公开表示的，特朗普"看上去还一样，除了身边全是保镖和特工"。

这种商业联系对于特朗普总统任上的外交关系影响微妙。一方面，特朗普将商业联系视为破题捷径，他通过直白的商业联系，寻求将关系迅速拉近。就像他与比利时元首会面留给当地政客的印象，"他让人觉得，他想要这么一套体制，让一切避开繁文缛节，迅速实现"。

但另一方面，他的商业联系也可以成为对方政府的王牌，可以是疏通王牌，也可以是牵制武器。早在竞选期间，特朗普发表"禁止伊斯兰教徒入境"的言论过后，来自伊斯兰世界的反击中就包含对特朗普集团商业利益的打击，比如包括埃尔多安总统在内的土耳其保守派穆斯林官员曾要求，将特朗普的名字从伊斯坦布尔特朗普大厦中完全撤除。

所有这些案例都意味着，利益冲突和财富纠葛是这位商人总统执政进程中一个不可忽略的维度。

另一个尼克松？

对于特朗普财富帝国商业联系的庞杂与隐秘，无论是特朗普本人的处理方式，还是美国体制的应对，都有明显漏洞。

1970年代尼克松“水门事件”爆发后，总统们自觉公开纳税申报记录，在资产处理中规避利益冲突风险。相比尼克松以来的美国总统们，特朗普的财富身家空前庞大，财富联系空前复杂，而他全然打破尼克松以来美国总统的习惯做法，既没有公开纳税申报单，也没有将旗下资产交给政府批准的保密信托基金。

特朗普集团所纳入的信托基金，受托人是他的两个儿子和集团首席财务官。而根据该信托的条例，“受托人应根据特朗普的要求，向他发放净收入或者本金，只要受托人认为这是出于特朗普生活费、赡养费或者保险未涵盖的医疗费用考虑，或者出于其他受托人认为合理的情况”。

换句话说，只要受托人们认为可以，特朗普就可以在他担任总统期间随时向他的财富帝国伸手要钱，并且无须公之于众。

将集团交由家人，这本身就意味着总统本人无法与其商业经营剥离。2017年3月，特朗普次子埃里克在一次采访中透露说：“我跟父亲不讨论政务，他也不跟我们讨论生意。这是我们为之骄傲的约定。”然而，这种约定注定是松散的。就在同一场采访中，埃里克又表示，自己不会突破底线，只会按季度向他父亲汇报“利润报告相关情况”，“父亲和我非常亲密。我们谈论很多事情”。

在许多传统政治精英眼中，鉴于特朗普财富帝国的特征，他规避利益冲突只有一个途径，就是遵循“自愿剥离”原则，完全出售他的资产，同时将收益放入由道德事务办公室批准的保密信托基金，确保他本人对收益再投资的去向全然无知。否则就算他不是特朗普集团的直接领导，他仍然足够了解自家的财富结构和利润来源，并且仍然有可能将个人得失置于公职之上，将自家钱囊扯进决策考量。

利益冲突本质上是政治伦理问题。而特朗普商人总统的特殊身份，暴露了美国总统任上一个前所未有的伦理困境。在这种困境之中，对于监督这样一位商人总统的利益冲突，美国政治尚无先例可循，体制和法律也一时无法应付。

总统候选人和行政官员财务报表的漏洞是显而易见的。在财富数值上，特朗普团队自身在竞选期间就曾带着炫耀的口气吐槽说："这样的表格根本就不是为特朗普先生这样的巨贾设计的。报表中只要求勾选资产的大致范围，其中最高一档也只有'5000万美元以上'。即使他名下一栋楼价值美金15亿，我们也只能勾选'5000万美元以上'这一项。"

在财富结构上，多宗国内外交易在报表上并无反映。特朗普集团本身是私有公司，旗下包含多个有限责任公司，它们面临的披露要求原本就相对有限。而相关控股公司和转手公司的所有制结构和资金流向更加模糊。对于这些交易的细节，报表本身并没有约束力。说到底，政府官员财务报表本质上属于"自愿"填写。

除了财务报表，法律本身的漏洞也凸显出来。在严格的技术层面，总统本人是豁免于利益冲突法律的相关规定的。尼克松"水门事件"爆发后，美国国会于1978年通过了《政府道德法》，并在1989年将该法修订为《道德改革法》。根据相关条款，行政官员的经济利益不得与其行政职责相互重叠，但总统与副总统这两位最高级别行政官员除外。当时的立法考虑是，总统与副总统的履职范围太过广泛，不可能让他们完全剥离。换句话说，如果要求他们把所有潜在利益冲突规避掉，总统这个工作就没法干了。

狭义的利益冲突条款倾向于保护总统，这一法律特征已是事实。于是一些宪法学者和前白宫伦理律师组成法律团队，从宪法中寻找依据，对特朗普发起诉讼。他们认为，宪法中的薪酬条款并没有将总统豁免在外，条款规定政府官员不得接受外国政府以任何形式付款，而特朗普财富帝国的多桩生意持续有外国政府资金流入，比如从外国政府控制的银行中获得贷款，向外国国企租户收取租金等。对于这些诉讼，特朗普公开斥责其“毫无价值”。

除了对现实决策的影响，利益冲突困境背后一个更重要的问题指向民主本身。商人总统特朗普的特殊身份，将美国政治脉络中的总统特权之争推向新的维度。而究竟如何规制商人总统的特立独行和漫无边际的财富联系，规制博弈的结果又将如何影响美国三权制衡的轨迹，是一个全新的课题。

回顾美国政治史，总统特权本身被一再推向巅峰，制衡体制甚至被一度看作失灵。自开国总统华盛顿以来，总统权力持续扩张，20 世纪美国总统的特权扩大尤为明显，包括拨款权、立法权、发动战争权等。在战争年代或危机时期，国会对总统有求必应，而在府会之争中，最高法院往往倾向于维护总统权力。

自罗斯福时代起，总统成为府会关系的主导。1977 年，尼克松在回顾他的总统任期时，有一句著名论断：“当总统去做一件事情，就意味着这件事不违法。”进入 21 世纪后，小布什以 9・11 为契机，将总统的战争权与拨款权推向又一个巅峰。

在总统权力扩张的进程中，国会发起过反击，包括对尼克松的弹劾，对克林顿的折磨。奥巴马期间出现府会僵局，政府甚至一度关门歇业。但与以往的总统们相比，特朗普的出现意味着立法和司法机构亟须新的思路破题，去规制一位“局外人”发起的挑战与冲突。

特朗普上台后，美国会不会重现宪法危机、特朗普会不会成为下一个尼克松的讨论不绝于耳。时代的语境悄然迁移，政治的光谱也早已改变，我们无法将两人简单类比，但可以肯定的是，巨贾总统的崛起，是建制派们的煎熬，也将民主本身推入一场全新的大考。

13
特朗普究竟有多少钱

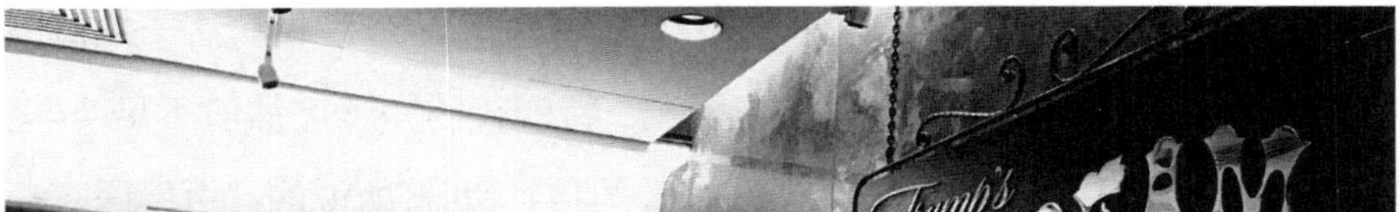

特朗普大厦底层花园中的特朗普牌冰激凌店。特朗普名下资产中，最值钱的是“品牌”，他本人对此估值 33 亿美金。他的招牌之下，不仅有酒店、球场、写字大楼，还有各式各样的商品，比如西装、领带、咖啡、香水、矿泉水，以及图中这些特朗普牌冰激凌。| 作者摄影

特朗普究竟有多少钱？这是一个值得单独一说的问题。在特朗普的政治崛起逻辑中，相较他的精确财富值，他的资产类别以及他在财富积累过程中的观念要重要得多。然而透视他究竟身家几何，对于把握这位商人总统的政治崛起，仍有十分有趣的启示。

大写的“超过美金 100 亿”

大选期间，特朗普在竞选网站上两度发布声明，称个人净资产值“超过 100 亿美金”。原文中这里每一个字母都大写，十分醒目。这一数值饱受质疑。例如近年《福布斯》富豪榜上，特朗普的净资产估值不足 40 亿美元。这一数目仍然远超美国历任总统，但与特朗普所说的“百亿保底身家”相差甚远。除了《福布斯》，彭博公司、《财富》杂志、《华尔街日报》等多家机构纷纷发布评估结果，质疑特朗普身家“掺水”。

特朗普一向拒绝公开纳税申报单，这让外界无从精确计算他的身家数值。而来自特朗普方面的个人财报文件只披露范围，亦看不出他究竟身家几何。大选期间，特朗普曾依据总统候选人惯例，两次向联邦选举委员会提交个人财报，由于报表中只勾选资产值范围，数据十分宽泛模糊。特朗普走马上任后，再度公布财报，然而此举换汤不换药。新财报的数据截至 2017 年 6 月 14 日，与先前的报表相比，主要删去了一些商业任职和相关交易，表明自己为潜在利益冲突做了“隔离处理”。

在 2017 年初一份特朗普财产评估研究报告中，我与同事横向比较了美国多个机构的测算值，同时比对了一些可公开获取的数据文件，包括特朗普的个人财报文件、抵押贷款文件、资产负债表、租赁协议、酒店公寓销售额。根据我们的梳理，截至就任总统前，特朗普的净资产估值在 25

亿—42亿美元之间。“逾100亿美元”的表述的确存在夸张成分。

那么问题来了，自报身家与外部估算怎么差这么多，为什么差这么多呢？

最名贵资产

两相比较，差异最大的，是一项叫作“品牌价值”的资产。竞选之初，特朗普明确指出，他的“品牌资产”价值33亿美元。这是外界此项估值的数十乃至上百倍。

什么是特朗普“品牌价值”呢？在一般的财富评估中，“品牌价值”是指从品牌授权交易中获取的商标费——特朗普将自己的名字授权给全世界各地的生意伙伴们，这些商人为冠他的名字向他付钱。

例如相关资料显示，巴拿马特朗普国际酒店每年向特朗普支付商标费500万美元。除了地产项目，特朗普还把自己的商标授权给西装、领带、咖啡、香水、矿泉水等产品。这些有授权协议可循的“品牌价值”，就是外界测算中计算的部分。而这些授权业务的市场价值加起来，总和也仅在数千万美元到2亿美元之间。

在特朗普的逻辑中，“品牌价值”，指的是更加抽象的信誉，是“特朗普”这三个字的硬气保底：假设他的财富帝国命悬一线岌岌可危，只消将“特朗普”这三个字拍在桌上，即可起死回生峰回路转。

特朗普本人对此有一句清晰表述：“事情很简单。假如我打电话给五个人，说我特朗普大厦需要20亿美金，10分钟内支票就会开到我桌上。”

在特朗普的描述中，这项“品牌资产”高于一切。他名下的酒店、酒庄、球场、豪宅、俱乐部、直升机等任何一份具体资产，价值远远不及这

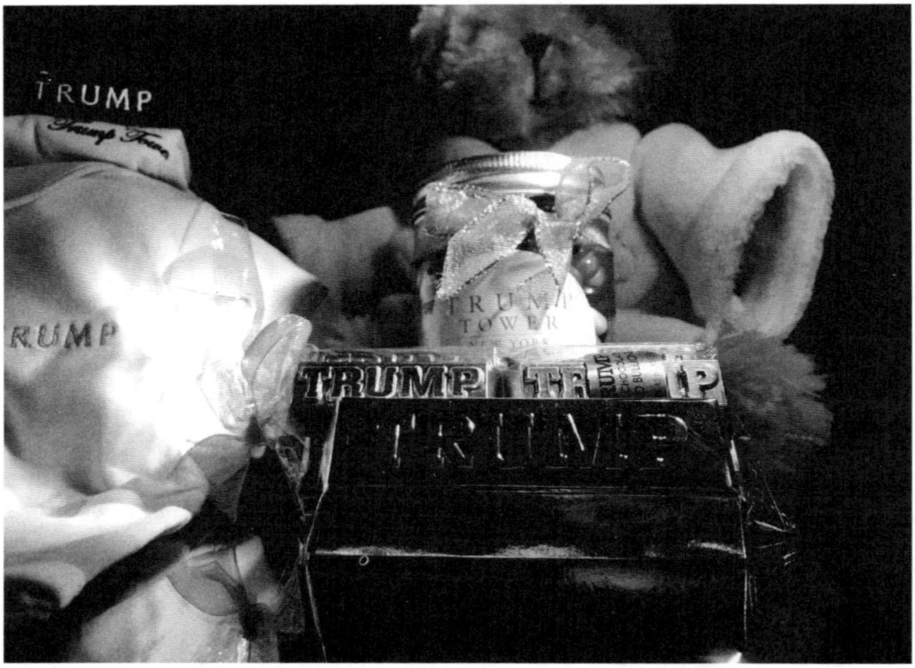

金箔纸包装的特朗普牌巧克力，在机场便利店、纪念品商店，以及特朗普大厦的咖啡馆里熠熠生辉。 | 作者摄影

一品牌本身。在他描述的财富帝国里，盖楼需要贷款，投资可能负债，而“特朗普”三个字是纯粹的正资产，在商海沉浮中为他避雨，替他护身。

剥离掉“品牌价值”这一项，特朗普的财富版图与外界估值的差异就没那么大了。对于特朗普所谓无形“品牌价值”，外界无从测算起，一些估算机构以零计算。从这个意义上说，特朗普公布的资产数据，无论是逾100亿美元身家，还是33亿美元品牌天价，与其说是财富披露，不如说是一种品牌营销。

商业品牌营销

对于品牌营销，特朗普从不陌生，这正是他一以贯之的商业策略。除了地产生意的市场营销，自1980年代起，特朗普还精心设计个人荧幕形象。他演过广告片，当过电影配角，客串过各式情景喜剧。他的形象几乎千篇一律：西装革履、地位显赫，一位无比成功的商界大鳄。

在1985年的肥皂剧《杰弗逊一家》中，特朗普本色出演大西洋城赌场老板。1996年《天才保姆》，特朗普出演的富豪一个兜里揣俩手机。1998年《政界小人物》，市长写自传需要建议，他大摇大摆走进市长办公室，一屁股坐上市长椅子，说自己写自传“第一天就写了九章”。1999年《欲望都市》，他与一个追求萨曼莎的有钱人做生意，“你考虑一下，我就在特朗普大厦办公室里等你消息”。而在电视广告中，特朗普常常出演自己，他的加长豪车在特朗普大厦前停下来，人还没下车，记者已蜂拥而上。

《天才保姆》制作人曾披露特朗普当年监控自己荧幕形象的细节：他仔细阅读脚本，提出修改意见，其中一条意见是，对他“百万富翁”的身份描述，应当改为“千万富翁”。据制片人回忆，他们后来用了一个更为夸张的词——“兆万富翁”。

特朗普不断累积荧幕权力。2000年代，电视真人秀热度最高之际，他成功参演《学徒》，幕后大老板形象深入人心。无数次，他在特朗普大厦的“终极会议室”里戏剧出场，当机立断，生死杀伐。终极审判过后，胜利者被加长豪车接走，豪宅夜影，美酒香槟。输掉的人则拎箱子打的士，凄凉退场。他的威权无可置疑。

特朗普当选后，《学徒》制作人比尔·普瑞特为自己曾在观众面前美化特朗普的商人形象后悔不已。在《名利场》杂志的书面采访中，普瑞特写道：“一伙聪明的制作人，精心编排了一个故事，故事里的大富翁拥有一个商业帝国。然而事实上，就在这位富翁参与节目、领取酬劳之时，他的商业帝国却在坍塌。《学徒》只是一个博取收视率的虚构故事。我们只是为了‘娱乐’，但特朗普的故事和形象却被公众当成‘事实’。”

在特朗普当选的语境中，普瑞特的评价带有情绪性的敌意，但其中多少折射了特朗普的营销策略，以及这一策略对于商人元首养成的意义。

政治品牌战争

特朗普将他的商业营销策略直接带入政治。任何境遇之下，财富自信与品牌形象都是他始终坚持、也必须坚持的战略底线。在商界，特朗普品牌瞄准的是精英，是占据世界各地的豪华酒店、度假村、高尔夫球场。而在政治中，特朗普瞄准的是选民，他将他的品牌直白翻译为四个字——“人生赢家”。他要用这一身份，带领美国再次伟大，走出“输输输”的困境。

这一身份成为他的政治品牌资产，和他政治逻辑的重要支撑：美国人理应享有的自信、机遇、财富、利益，这些从老牌政客的说教中难以听见的需求，如今与“特朗普”三个字直接挂钩。与老牌政客希拉里相比，特朗普的政治品牌试图重建民众对领袖的直接信任。他此前不曾背负任何政治资产，这是他的弱势，也是他的优点。他用“特朗普”这个招牌做担保，去击碎美国政治中早已令他厌倦的沉冗与惯性。

在局外人特朗普身上，政治品牌就是他通往白宫之路的生死王牌，并且这种政治品牌与他的商业品牌牢牢绑定。大选之中，反对他的人，也否定他的财富品牌，批他掺水、撒谎、无可信任。而支持他的人有的直白表示，假如特朗普品牌是一只股票，自己必然是掏钱买入的那个人。整个竞选过程中，品牌价值与品牌信誉本身成为围绕特朗普的重大争议。

对特朗普而言，赢家形象与财富自信是他政治品牌的核心支撑。一切质疑他财富身家、低估他品牌价值的行为，都直接危及他在政治品牌战争中的胜算。这正是为什么大选期间对于外界低估，他不厌其烦一一怼回。

2015 年，彭博亿万富豪指数榜上，特朗普身家估值仅为 29 亿美元。特朗普将此估值斥为“愚蠢”。他表示，这一估值很可能是彭博老板迈克尔·彭博的“授意”，因为“他一直就想要达到我现在的境地”。

同一年，《福布斯》将特朗普的身家估算为 45 亿美元。特朗普对《福布斯》说：“我看你们就想让我看上去越穷越好。”

2016 年，《福布斯》发布新一轮估算，称因纽约楼市萎靡，零售与办公地产尤其疲软，特朗普身家缩水至 37 亿美元。《福布斯》原本的估算只有 30 亿美元。数据发布前夕，《福布斯》收到一些房产商及特朗普集团高层提供的相关信息，经过考量，《福布斯》将估值上调 7 亿美元。特朗普显然无论如何无法接受：“我还能说什么？《福布斯》就是一本破产的杂志，他们自己都不知道自己在说什么，《福布斯》就想让我丢脸。”

2016 年底，特朗普带着二儿子埃里克接受《财富》专访，当年《财富》

对特朗普身家的估值是 39 亿美元。特朗普当面驳斥说："《财富》记者对我的公司一无所知。我们的公司非常强大。我们的负债非常少。我们拥有全球标志性资产。我们的现金流源源不断。"

针对《华尔街日报》关于特朗普 2016 年税前年收入仅为 1.6 亿美元的估算，特朗普的女发言人霍普·希克斯告诉《华尔街日报》，"这个收入数值错得离谱"。特朗普本人的回应则是："谁在乎？根本不重要。"

假如特朗普品牌是一只股票

无论特朗普究竟身家几何，这场品牌营销战的效力，美国人已经用选票证明。紧随其后的问题是，随着特朗普的政治崛起，他的商业品牌价值与政治命运前景之间，又将呈现什么关系？

相关数据显示，从大选期间到上任之初，"总统效应"实际推升了特朗普的商业品牌价值。品牌忠诚度研究公司 Brand Keys 追踪研究特朗普品牌价值 20 多年，根据他们的数据，尽管特朗普的争议性言论曾招致一些社会名流抵制他名下的产品、酒店和高尔夫球场，但他的品牌价值很快又反弹了回来，并且特朗普品牌中多个类别行情看涨，包括酒店、俱乐部、西装、领带、珠宝、电视娱乐节目，等等。

对不少消费者而言，在最直观的逻辑中，去总统开的酒店过夜，总算是件很酷的事情。特朗普大厦里，那些买一支特朗普冰激凌来吃的观光客，抱持的也是同样的心情。

对此，特朗普并不意外。2016 年他甫一当选就公开表示，自己名下资产如今"更值钱"，并且竞选以来特朗普品牌"人气更旺"。特朗普走马上任后，反过来主动营销商业品牌。他把来访元首带去自家庄园、在高尔夫球场闯入婚礼现场惊喜合影，都是对商业品牌的反哺。

在长期视野之下，特朗普在白宫权力之巅的命运，将如何继续影响他商业品牌的未来，是一个值得长期追踪的有趣话题。是像乐观派说的，既然总统印章已经直接盖在特朗普品牌上，这品牌只会愈发值钱？还是二者在更大程度上将呈现正相关，总统当得好，品牌一荣俱荣；总统当得糟，品牌跟着唇亡齿寒？

这里折射的不再是一个品牌的命运，更是富豪上位对一个社会的实际引领，以及社会对此的接受与反弹。

在时间证明之前，先抛给你一个问题：假如特朗普品牌是一只股票，你打算抛，还是打算买？

14
社交媒体的超级权力

马克杯上印着特朗普经典的愤世嫉俗表情。1990 年，他曾对《花花公子》说："如果我不愤世嫉俗，今天你们就不会坐在这里采访我。" | 作者摄影

在前述故事中，我们梳理了特朗普式元首养成的历史逻辑、要素特征、催化手腕，以及潜在的冲突风险。特朗普式元首养成，还有一个不可忽视的细节，就是它发生于一个前所未有的社交媒体时代。

我们前述的故事，正发生在这样一个时代的光影之中。白人的失落与愤怒，民粹主义情绪的集结与唤醒，以及特朗普式竞选与执政之路，在一个手指的划动、一个鼠标的点击间交互完成。这是一个政治动员与舆论鼓噪空前强大的时代。

从《纽约时报》到脸书推特

特朗普其实是个“勒德分子”，也就是一个对先进技术并不感冒的人。他发邮件的方式是手写小纸条，助理扫描完贴在附件里；他本人获取资讯的方式是纸媒和电视。然而对于社交媒体的作用，他有着本能的直觉。从最初与库什纳一起嚼着麦香鱼汉堡、讨论社交媒体的选战策略开始，特朗普亲自展开一场前所未有的社交媒体政治实验。

丹·斯卡维诺早期是特朗普高尔夫球场的球童，尾随特朗普多年，竞选期间为他的社交媒体出力，特朗普走马上任后，他成为总统的社交媒体总监。斯卡维诺透露，特朗普推特上发的百分百是自己的内容，不容他人插手。

大选期间，由于特朗普数度祸从口出，言论争议频发，竞选团队有时不得不控制住他的手机。不过此举仅限白天。有时候特朗普太忙，工作人员将他的口述听写下来，再用他账号发出，但此举也仅限白天。“等晚上他回到私宅，就是他跟他手机的独处了，”斯卡维诺在一次采访中透露。

的确，对特朗普推文的大数据分析显示，特朗普一天之内发推频率最高的时间是半夜零点左右。与斯卡维诺的话一结合，充满总统亲力亲为的画面感。

对特朗普而言，经营社交媒体只是阵地的转移。从1980年代的报纸、电视采访，到2000年代真人秀，再到如今的社交媒体，特朗普一直秉持的原则是，利用媒体制造名气，引发注意，这是商业增值的高效途径。

从特朗普基业奠定、声名鹊起的1980年代起，他早已深谙媒体的威力。他在自传《交易的艺术》中，专门论及1980年代的《纽约时报》如何风光无二，在特朗普大厦项目中如何居功至伟。比如最初出手收购时，他向《纽约时报》放的话，成为压垮卖方脊背的最后一根稻草；而其后从建筑设计到门厅开业，《纽约时报》那些新闻报道和建筑评论专栏的舆论引领效应是碾压式的。那时的特朗普感叹道："《纽约时报》的影响力真是令人吃惊，这家报纸无疑是世界上最有权威的机构之一。"

这样的感叹后来被他用来描述电视、真人秀，还有现如今的社交媒体。1987年他在几大报纸上刊登整版广告，痛斥美国外交政策，潮水般涌来的信件令他始料未及。2000年代，《学徒》收视率傲视全美，令他体会到真人秀的威力。而2016年大选结束之际，特朗普直接将社交媒体定义为自己的一大成功秘诀。

大选结束后，特朗普做客哥伦比亚广播公司的《60分钟》节目。"根据脸书、推特，还有Instagram等社交媒体的数据，我在其中拥有巨大权力。社交媒体帮我赢得大选，并且对手的花费比我高得多。"特朗普尤其强调，跟希拉里花在广告上的钱相比，"社交媒体的威力比他们花的钱更强大"。

在公众营销这个领域，特朗普是天才，而社交媒体的出现将他的营销天才发挥到极致。社交媒体兴起前，报纸电视是与公众产生化学反应的强势途径。然而在这些传统媒体中，特朗普处境被动，并对此颇多不满。早在 1985 年，特朗普就在《60 分钟》节目中向当时的名嘴迈克·华莱士抱怨说："我觉得媒体描绘的不是我本人，它喜欢把我弄得险恶一些。"而在 1990 年《拉里·金现场》脱口秀中，特朗普提到对他婚变的花边报道如何改变了他对美国媒体的看法，"那是一群我曾误以为自己了解的乌合之众"。

相比传统媒体，社交媒体让他如鱼得水，从选战胜出到入主白宫，社交媒体不只是特朗普与美国选民的沟通渠道，也成为他与外国政府的沟通渠道。在特朗普眼中，推特是对他当初真人秀技巧的天然嫁接，他本色出演，无须经过记者的任何过滤修剪，将信息即刻送入受众眼中。在大选之后的《60 分钟》节目里，特朗普称赞社交媒体"是极好的交流形式"，使用社交媒体"没有任何可耻的地方"，"它把信息传达到位。当你们对我进行负面报道或者不实报道时，社交媒体给了我一个反击的方式"。

社交媒体战争

在选战中使用社交媒体，特朗普当然不是原创者。事实上，2008 年和 2012 年两次大选中，奥巴马竞选团队已经大量使用社交媒体，并将社交媒体的成功使用看作总统胜出的秘诀之一。然而，2016 年的语境仍是空前的。特朗普崛起之时，美国成年人中使用社交媒体的比例，已从 2008 年的 24%、2012 年的 56%，上升到 2016 年的 78%。美国选民中有将近一半的人通过社交媒体获得大选新闻。

2016 年美国大选中，不知有多少场辩战在社交媒体上进行。据统计，从 2015 年初选辩论到 2016 年 11 月 7 日大选前一天，美国人总共发布了 10 亿条大选相关的推特消息。这当中当然包括两位候选人。选战全程，希拉里被转发最多的一条推特是："删掉你的账号吧。"特朗普当日怼回："你的 823 名手下帮你想出这条用了多久？还有，被你删掉的 33000 封邮件现在在哪儿？"这条回复成为大选期间特朗普被转发最多的一条。

几乎选战全程，内容提到特朗普的推特数量，都比提到希拉里的多。在推特上，两成大选相关内容是由 40 多万个推特机器人生产出来的，而这些内容中有 2/3 支持特朗普。特朗普的语言简单直白易传播，他发起的话题深入人心，广泛流传，这在美国大选中史无前例。这些话题包括直指希拉里"电邮门"的"#希拉里不正当选举"，吊打华尔街的"#排干沼泽"，还有抨击《纽约时报》的"#假新闻"等。

如果说希拉里以更传统的方式运营这块社交媒体，交由她的团队深思熟虑发布消息，特朗普则一以贯之，亲力亲为。除了帮他架设社交媒体战略的库什纳，他推特的实际运营团队只有一人：斯卡维诺，他早期的球童，后来忠诚的追随者。"他推特账号上的所有消息 100% 都是他自己的。他不会发任何我编的东西。"斯卡维诺在一次采访中说。

特朗普太擅长经营此道。面对他社交媒体上的数千万粉丝，他制造话题的功力，一如他此前屡试不爽的宣传之道，就像他在《纽约时报》上登的广告，像他在电视真人秀中的冲击。他心知肚明，在社交媒体上，更重要的不是对问题本身的讨论，而是一个立场、一种认同、一种美国人内心情绪性的挣扎与纠结。那是两个版本的美国之间的对立，一个是精英们宣称的多元化的、进步的、成功的美国；一个则是倍感失落的、想夺回白人权威、想自我保护的美国。一条 140 字的推特太短，解释不清任何事情，但对于呼喊口号，它的长度已足够。

选战全程，社交媒体上当然有大量针对特朗普的负面消息，不过这仍然符合他对舆论的认知：负面宣传好过没有宣传。数据显示，身为政治局外人的特朗普，在选战过程中得到的免费宣传远远超过他的对手。

特朗普的社交媒体策略与出位言论倒逼传统媒体、报纸和电视被他的推特左右，并且相关报道的点击率与收视率大幅提升。社交媒体反过来激发了传统媒体的热情。据统计，大选前一年，特朗普获得全国电视晚间新闻的报道时间高达 327 分钟，而共和党全部 17 位候选人加起来总共 701 分钟。希拉里的数据是 121 分钟，尚不足特朗普一半，并且其中 88 分钟事关她的“电邮门”。单从美国最重要的保守派电视台福克斯那里，特朗普获得的免费宣传价值就高达 3000 万美元。

名气与权力的联姻

社交媒体是特朗普构筑政治身份与政治认同的捷径。特朗普寻求总统提名时，他作为电视娱乐明星是为人熟知的，但他在政治上并无声名。竞选之初，民主党候选人桑德斯同样以民粹主义姿态在社交媒体上博取关注，但哪怕与桑德斯相比，特朗普在现实中既没有政治同盟，也缺乏民间机构支持。他对社交媒体的依赖度远远超过其他候选人。

特朗普的政治身份，建筑在一种奇特的社交媒体景观之上，他必须在持续的话题中获取竞选生命。事实上，这一策略十分奏效。随着工会、宗教团体、社区团体等传统社会组织不断衰落，社交媒体本身已经成为构筑社会身份认同的主要场所。在社交媒体时代的大选中，美国人正是在手指划动间，在屏幕的荧光里完成身份的匹配与认同。

那些笼罩在经济焦虑中的美国人，并不一定在物质上过得如何不如意。事实上，特朗普的支持者中有不少收入可观的美国人。但在他们眼中，未来同样充满不确定。如果说在依赖制造业与农业的地区，前路迷茫已无须赘言，在那些倚重零售业或服务业的地区，大量工作是兼职或短期工作，背后没有工会支持，过去世代的安全感早已荡然无存了。

社交媒体本身并没有改变 2016 年美国大选的选区结构，但它创造了大选结果的整体语境。它提供了一张大幕布，将人们唤醒，并且集结起来。从某种意义上说，社交媒体代替了传统家庭、宗教团体和工会组织，成为新的意识形态动员机器。在这样的场域里，候选人的象征意义超越一切，特朗普就是那个对抗精英、白手起家的亿万富豪。而选民们完成了对传统信息过滤筛选机制的集体告别，接受候选人的直接动员。

特朗普登入权力之巅后，这样的趋势并不可能停止。在《60 分钟》节目中，特朗普宣布，他上台后对社交媒体的运用将会“非常克制”。这一承诺注定无法兑现。为了维系民意支持，特朗普需要继续大量运用议题营销与形象塑造手段。“推特治国”的本质正是社交媒体时代的舆论渗透与政治动员。执政过程本身成为选战的延续，政治进入“永恒选战”，这意味着一种疲于应对社交媒体上政治表达与情绪爆发的执政生态。在民粹主义的整体语境中，“诉诸民众”的社交媒体战略成为美国总统的问政风格本身。

从竞选总统到执政之初，特朗普是这一趋势的受益者。对他而言，无论是从前风光无限的报纸、电视、脱口秀，还是将他推入白宫的社交媒体，他始终依赖媒体获取名气、赢取认同。前后的区别在于，社交媒体将效应无限放大，将他的名气转入政治场域，为他迅速获取新的权力身份。从娱乐明星到大选“网红”，在特朗普身上，名气与权力的联姻淋漓尽致。

1950 年代的米尔斯在谈到新兴权力精英时，有一个论点颇值得玩味。在米尔斯眼中，从社会地位来说，新兴权力精英与那些借大众传媒声名鹊起的现代名流十分类似。米尔斯在《权力精英》中从纽约曼哈顿的名流们写起，他们活跃在第三大道与第六大道、50 街与 60 街之间的社交场合。米尔斯指出，所谓名流，就是“那些无须多加辨认的姓氏。认识他们的人远远超过他们所认识的人。无论他们走到哪里，都会被人认出来。无论他们做什么，都会引起轰动。他们是大众传媒和娱乐圈的谈资”。

在 1950 年代的米尔斯眼中，职业名流作为社会明星体系的终级结果，造成了人们对竞争的顶礼膜拜。“在美国，这一体系被发挥到了极致，一个人如果能以无与伦比的效率与技巧，将小小白球击入一系列球洞中，他就比其他任何人更有社会资本去竞选美国总统。”1950 年代的米尔斯看不到现实案例，尽管他相信声望与权力将在顶层邂逅，相信镁光灯下的职业名流们与公司富豪、军事将领、政治领袖同台竞技，从公众的关注中分一杯羹。那时的他写下猜想：“那些声名显赫的美国人，和那些权力巅峰的精英们，难道不会更加清晰地重叠在一起？”

60 年后，在特朗普身上，公司富豪、政治领袖、职业名人这三重身份清晰地重叠在一起。

15
“特朗普们”的未来

特朗普上任数月后某一天，我在华盛顿打车。出租车司机是黑人，聊天话题始终绕不开他们的新任总统。问他觉得特朗普会不会连任，他连连摆手说：“我都怀疑他能不能把第一任干完。”

“怎么？弹劾？暗杀？”我顺着他的逻辑问道，尽管我并不认同这些可能。

“没人暗杀他，”他语气激动起来，“像他这种人，暗杀他都浪费一颗子弹。”

他没有对自己的逻辑再做解释，开始全程抱怨特朗普的自我膨胀和种族歧视。在纽约，这样的愤怒同样令人熟悉。夏洛茨维尔种族暴力冲突的周末过后，特朗普返回纽约，那是他上任后第一次回家，等待他的是街头山呼海啸的抗议人群。从竞选到上台，特朗普身后美国社会的对抗与分裂从未停歇。

而在这种分裂之中，特朗普已经开始全力筹备 2020 年连任竞选。他亲自出席筹款集会，将人马派往关键选区，家人与亲信再次出马，为他动员选民，同时展开大数据分析。

事实上，特朗普大厦的竞选大本营从未关闭。2017 年 1 月，特朗普宣誓就任后，立刻宣布寻求 2020 年连任，这一速度远远超越他的前任们。就在他就职之前，特朗普大厦里的竞选大本营宣布，将直接转而助力特朗普 2020 年连任。驻扎在第五大道 725 号的总统亲信们，继续为特朗普维系金主网络，实时分析社交媒体，笼络铁杆选民。

对于特朗普究竟能否连任，舆论显然是分裂的。支持者有之，反对者有之，倒戈者亦有之。昔日炮轰特朗普的彭博创始人迈克尔·彭博，在特朗普上任后数度表示，民主党的溃败将会延续到 2020 年大选，特朗普有 55% 的胜算连任。被特朗普篡改了游戏规则的美国政治，继续向着未知行进。

一个时代的悖论与悲喜

无论连任前景如何，特朗普已经是一个时代悖论与不确定性的绝佳样本。他是喜剧与悲剧的合体。喜剧之处在于他对游戏规则的颠覆过程。他以传统产业精英、零从政经验的局外人，以及娱乐明星三重身份，颠覆华尔街—华盛顿权力轴心，穿过一片惊掉了的下巴，直接坐进白宫椭圆形办公室。

在美国历届总统大选中，2016 年大选是娱乐性最高的一届。特朗普的经典言论铺天盖地，许多人起初并未当真。他的言论概括起来有三句：把非法移民赶走，把无能的精英赶下台，把美国人的工作统统拿回来。精英对此厉声呵斥，不断提升悲观主义的末日调门，而这些言论在草根中间却是振聋发聩的。在中国的互联网上，有三个字一再被用来形容特朗普，有戏谑成分，但精辟概括了支持者眼中的特朗普："不圣母"。

在特朗普身后选民的眼中，他正是那个一语道破"真相"的人。特朗普政治崛起的历史幕布，是 1980 年代以来经济全球化和金融化浪潮之中，传统产业与白人中下层的节节败退与政治反击。在这些美国白人眼中，经济危机背后，是华尔街资本与华盛顿精英的共谋，而危机不仅没有打破这种共谋，反而令它愈演愈烈。金融危机以来，华尔街的利润迅速恢复，继续盆满钵盈，精英们的说教依旧高高在上，无穷无尽，而锈带、乡村和破落城镇，在全球化与金融化的潮水中被人遗忘殆尽。

特朗普来自传统产业。在他的财富积累过程中，对于全球化与金融化的冲击，他本能反感。身为亿万富豪，他的人生与那些锈带矿工、小镇电器经销商们相比原本是截然不同的体验。在全球化方面，他反感官员口中所谓“自由贸易”的缘起，是石油危机后的阿拉伯暴发户们手持大把钞票，在他战战兢兢收购之时挖他墙脚；是财大气粗的日本人漂洋过海炫耀式收购，在“纽约任何一栋楼的竞标之中秒杀”他们这些曼哈顿商人。

他将此归罪于政府精英们的愚不可及，在他看来，正是官员们坚持履行所谓自由贸易政策，所谓美国全球义务观念，才导致到头来的利人损己。30 年前他已不止一次谈论，那些对外政策的谈判应该交给强悍、精明、为美国争取利益的商人们。

在金融化方面，1990 年代的商界沉浮令特朗普深刻领教金融资本的强势诡谲高人一等。他放手一搏却几近破产的赌场生意，让他从此改变商业策略，尽力减少对金融杠杆的依赖。除了业已破产的上市赌场公司，特朗普集团始终没有上市。

而特朗普身上反全球化、反金融化与反精英、反建制的彼此杂糅，完美契合这个时代日渐抬头的民粹主义。在这样的时代逻辑之下，亿万富豪与普通白人的差异暂时隐退，反华尔街—华盛顿轴心成为强有力的身份认同与结构性的利益诉求。在自 1980 年代以来的媒体明星生涯中，在读者写给他的支持信里，在大街上工人对他的欢呼中，特朗普早已明白这种诉求的号召力。到了 2016 年，在这种结构性诉求爆发的临界，特朗普借助社交媒体平台，将潜在选民唤醒，唤到投票站前。民粹的失落与愤怒喷薄而出，在强势资本与强势精英面前，失落的人群发起反击，他们将选票地图改写，将毁灭者特朗普推入政治巅峰。

然而时代的悖论与悲剧性也正在于此。特朗普是毁灭者，却难以成为建设者。从特朗普自身所代表的结构性经济权力来看，如果说特朗普的崛起，是传统产业精英对经济金融化与全球化负面效应的一种纠偏，这种纠偏的前景却并不光明。

在产业资本与金融资本的漫长博弈中，20 世纪已经成为分水岭，金融资本在世纪之初与 80 年代两度占得上风。如果说前一次被世界大战与大萧条打断，后一次似乎已是 2008 年的国际金融危机也未能改写的定局。在强势的金融化浪潮面前，特朗普所在的房地产业本身成为金融资本洗劫产业资本的场地，地产日渐向金融倾斜，与华尔街共荣共生。

从这个意义上说，特朗普的执政之路本质上面对的，是资本主义的道路之争，是金融化与工业化之争，是再金融化与再工业化之争。去工业化的积重难返，让这场胜负较量并没有多少悬念。然而，权力之巅的人以代表工业化道路的姿态出现，这几乎注定了他上台之后，权力内核中商业精英彼此之间的张力与博弈，以及身份认同的难以形成。

特朗普难以单纯依靠传统产业精英，去执行他的反抗逻辑。他将华尔街的商业精英们带入白宫，然而这些精英们并不真正认同他的政策理念与行事逻辑。这正是他大富豪内阁与小圈子政治本身的悖论。

在充满危机的社会进程中，特朗普更多的是一种冲击，他的建设远远小于他的冲击。他清楚地看到时代浪潮中的问题，对此不满，并且成功发起政治反击。然而这些问题的积重难返，令他难有回转身的余地。面对迫切的掣肘，他难以找到现实方案。为了维系支持率，他转而在极端议题上加快行动，比如非法移民问题，这令原先的道路寻找危机四伏。特朗普既是对一个时代的叛逆，也是在时代悖论前的一段回旋、停留、出走。只是对于这样的回旋、停留与出走，历史不知可以容纳多久。

特朗普式元首的命运

在眼下充满未知的政治进程中，特朗普式元首养成模式颇具诱惑力。我们姑且给“特朗普式元首养成”下个定义：商业精英借助自身财力与名气，利用民粹主义的契机，直接绕开或者战胜建制派走入政治前台，成为制定决策、设定议程、推动执行利益诉求的最高权力精英本人。

在政治的潜规则中，商业精英影响决策的方式从来都是扶持代理，与建制派结盟，完成政策游说与议程植入。在民粹主义复兴时代，特朗普式元首养成模式似乎成为商业精英的捷径。在亚洲语境中，泰国他信被看作是特朗普式元首养成的前奏，在印尼，直接寻求克隆特朗普，成为正在发生的鲜活案例。

绕过间接代理模式，意味着身为商业精英在零从政经验的情况下，直接代入自身行事风格与商业思维特征。特朗普的小圈子政治、大富豪内阁、外交政策倾向、社交媒体战略，都是他商业思维与行事模式的直接代入。这种代入注定要与传统官僚机器进行漫长的博弈与磨合。其结果，则是对制度制衡的直接考验。

这种考验充满风险。在美国政治中，总统权力的扩大已是长期趋势，局外人的闯入意味着国会与司法部门需要新的破题思路，去执行制度制衡。

而在制衡体系严重缺失的国家，特朗普式商业精英如果崛起则意味着新的失衡。其结果，是无休止的暴力冲突与利益争斗。在国家发展的特殊阶段，这种争斗带来的损耗、循环甚至倒退是致命的。利益对立的尖锐化，让各方诉求的兼顾雪上加霜。

除了体系的制衡或失衡带来的命运流转，特朗普式元首还有一个可能的结局，就是政治丑闻。在美国政治中，商业巨贾直接担任国家元首尚属首例，而在全世界范围内，也仅有意大利的贝卢斯科尼等少数案例。面对亿万富豪的闯入，体制与法律本身尚不足以应对潜在的庞杂的利益冲突。而金钱的隐秘流动带来利益勾连的无限扩展，其未知程度超出体制的控制。仅就利益冲突来说，贝卢斯科尼与他信兄妹的腐败案例已是重要的启示。

不过，以上所有命运猜想，均不妨碍特朗普眼下继续他的政治试验。他姿态强硬，立誓要将他的诉求、他的议程、他自 1980 年代以来的逻辑坚持到底。事实上，“强悍”是他人生的关键词。特朗普就反复描述过“强悍”应是一个元首的必备素质。他预言戈尔巴乔夫会被赶下台的原因正是不够铁腕，表现太软，并且戈尔巴乔夫的退让将断送他最为珍视的权位，那些前所未有的冲突与罢工也终将导致暴力革命。

在他眼中，美国总统们最致命的弱点，同样是不够强悍。尽管他并没有那么佩服艾森豪威尔，但对于艾森豪威尔身上的行事腔调与硬朗作风，特朗普十分认同。在他看来，美国在全世界被轻视，始于卡特政府时期，那时美国直升机前往伊朗解救美国人质，却在中途接连坠毁。这种“软弱无能”还渗透在总统一言一行之中，大到外交政策，小到日常举止。特朗普举的例子细致入微。他难以接受卡特总统参加越野跑步比赛，跑不动了，被人架下赛场去吸氧。他更难以接受，福特总统访问奥地利，从专机上走下来，却一秒摔倒在舷梯上，跪在奥地利人面前。“我们有一些总统蠢得让人难以置信。我们需要的是强悍，”特朗普说。

他显然认为自己是强悍的。商海沉浮，艰难谈判，包括少时被老特朗普送去军校的历练，都让他对“强悍”有着一以贯之的坚持。1990 年他被《花花公子》问起，如果有一天坐进椭圆形办公室，那时特朗普总统会做的第一件事是什么。他的回答是，“强悍的态度会无处不在”。而他对“强悍”的定义是，并不是说要全盘胜利，而是在精神上战胜对手，面带微笑地赢得战斗。

从这个意义上说，特朗普实在是一个时代悲喜剧的合体。

后　记

2017年夏末，我休假飞往美国。那时我尚在这本书的写作之中，手上写着一个十分关键的章节。飞机上坐我身侧、与我同行的是我的父亲。

我从未想过两件事会以这样的方式结合在一起。一面是我一直想做的，开始写我的第一本书，一面是带父亲一起，出国旅行。

我的母亲不爱旅行，父亲却与我一样，享受其中。这不是我们第一次一起出门，却是真正意义上的我第一次带他旅行。因为工作，我走过这世界越来越多的地方，我总是说有机会与他一起，时光倏忽，真正实现已是2017年。

出发一个月前，父亲先来北京一次，办理他的美国十年签证。他回程起飞前，我手机上跳出一条微信。“从前我带你玩，现在你带我。人生真有意思，”他这样写。我看了很开心，又骨鲠在喉。角色交换真的到来这一刻，我不知如何形容内心。小时候一家三口去杭州温州旅行，半夜赶火车的趣事，还有黑白相片里的温柔，一直躺在记忆里。还有中考结束的夏天，父亲带我去南京，去他的大学，去玄武湖、莫愁湖、雨花台。后来我考入南大，南京的静刻在我骨子里，而那城市最初的温柔，是父亲一路带我，跟我讲他那个年代读书的事。

在美国的行程，起初和这本书并没有什么关系。只因父亲此前没有去过，我们的行程放在东岸的纽约和华盛顿。无巧不成书，这正是我书中主角从商业帝国到执政之路的双城记。在华盛顿，我们一起骑车穿梭宪法大道，穿过树荫、公园、华盛顿雕像，还有商务部、美联储、财政部、白宫、联邦调查局一栋又一栋大楼。在纽约，他陪我走遍曼哈顿岛上特朗普商业帝国的每一处地产。有一天，我们从特朗普在曼哈顿的第一桩基业、东 42 街中央车站边的君悦酒店出发，走到第五大道与 57 街交口的特朗普大厦，一路绕过联合国广场的特朗普世界大楼，穿过洛克菲勒中心和特朗普旧日金主们的地盘，直走到中央公园最南端特朗普公寓大楼和国际酒店。

那一天走走停停，我们在特朗普大厦对着大厅瀑布，一起吃特朗普牌冰激凌。我给他讲特朗普 80 年代的趣事，他笑得前仰后合。在许多栋大厦前，我拍摄一些可以用在书里的照片，他却在一旁拍得比我更认真。在君悦酒店对街的清晨，我拍着拍着发现父亲不见了。翻出手机，还连着他的热点，知道他没有走远，却又遍寻不得。这时，他不知从哪个拐角冒出来：“我找到一个好角度，你快来拍。”

父亲是一个极为可爱的人。我庆幸这么多年无论何时，我们的谈话总能轻易拾起，愉快进行。写作这本书的时候，其实是我十分焦虑的时候。在美国借着时差，我常常半夜醒来，读书写作。在华盛顿去纽约的大巴上，在长途飞行的过程中，时时拿出 Mac 打字。父亲是那种随时可以入睡的旅行者，在大巴上层第一排最佳观光位上，他兴奋地拍了好多照片，然后如我所料，歪着脑袋，睡着了。那是我写作间歇如此温柔的时刻。

当然此行我们有许多深入的交谈，在长途飞行期间，在美国街头的餐桌前，在国会，在白宫，在曼哈顿无数高楼的光影间。而那些无须交谈的时刻里，则埋藏着此后更加深刻的记忆。帝国大厦之巅等待日出的清晨，我们在 86 层的大风里冻得手抖，却又不住惊叹。曼哈顿岛从梦中一点一点醒来，第一缕光点亮无数塔楼、高厦，还有教堂的尖顶。北面仍是灯火，南面则是浅粉色的天空。曼哈顿岛向南一路延伸、变窄，直至自由女神，好像听得见海风鸥鸣。两只鸽子停在帝国大厦之巅的塔柱上，优雅回眸，转身，又扑棱棱飞走。天色一点一点亮起。尖顶、潮汐、大桥和窗里梦里的人们都被一点一点点亮，一点一点醒来。这一刻如此安静。一生有多少路要赶，有多少愿梦要实现，而最重要的，是爱就在身边。

写完这本书这一刻，我最最不舍的，正是写作途中他的陪伴。手边有许多珍贵的照片，其中一张，是在飞往美国的飞机上。那时旅行尚未开始，他作为我初稿几章的第一位读者，戴着飞机枕，拿着水杯，阅读 Mac 上的一字一句，比干什么都认真。空姐过来发餐，他这才转过头，脸上是温暖融化的笑容："我觉得太好看了。"

我的第一位读者，戴着父爱的眼镜阅读，他做不到客观。于我，我不敢说这本书写得多好看，我只能尽最大诚意，不去辜负这个话题。这本书的话题前沿、有趣，令人激动，又令人焦虑。书到用时方恨少，写作期间我一边不停看书，一边不停自我催眠：You can do it, you can do it。如今真的完成了，我已然开始想念闭关的每一朝、每一夕、每一个轻音乐陪伴的深夜，以及夏末在美国的每一天。

得到即失去。作为写作者，我能做的，唯有开启下一趟旅程。我始终相信，文字是我们可以找到的最好的表达方式。它留住稍纵即逝的时光，和流淌无形的思想，封存，并且与人分享。在自我表达的过程中，有那么多峰回路转、苦乐参半，它给时间以意义，让你不虚此行，酣畅淋漓。

只是，每一个写作者都是自私的，它意味着当下全然的纯粹，和全心的独处。写作者本身并不会寂寞，因为有太多有趣的人与事在笔下、在脑中、在前人的文字里。这份纯粹需要太多的宽容与成全，而我何德何能，拥有这份宽容与成全。感谢我的上司、战友、师兄王文院长，他是这本书最初的出题人，也是我完成这本书时全心全意的支持者与鼓励者。感谢我渊博的同事和朋友们，在我需要帮助时，为我出谋划策，帮我理清思路，让这本书的进行柳暗花明。感谢世界知识出版社，向章少红总编辑、李锋主任以及为这本书殚精竭虑的出版人们致敬，他们的才华与专业度令人钦服。还有，感谢最最亲爱的家人，包容我，允许我，去进行长篇写作这件需要太多天时地利人和的事。

2017 年 9 月 24 日于北京家中书房

2018 年 3 月 20 日于同一张书桌上最后修订

附录一
1987年特朗普致美国人民公开信

本文刊登于1987年9月2日《纽约时报》广告版。作者译。

致美国人民：

日本和其他国家占美国便宜占了几十年。

现在还在占。美国正在保卫的波斯湾，对美国自己的石油供应微不足道，对日本和其他国家却至关重要。美国为了保护他们的利益，搭上人命，搭上数十亿美金，他们凭什么可以不付美国一分钱？美国的保护事关沙特存亡，但沙特人上礼拜还拒绝我们，不让我们用他们的扫雷舰巡逻波斯湾。（很不幸，他们的扫雷舰比我们先进得多。）全世界都在嘲笑美国政客，我们护送着他人的船只，载着他人需要的石油，一路驶向那些不肯帮我们的盟国们。

鉴于有美国买单，日本人这些年省下了巨额国防开支，他们发展出强劲有力、顺差空前的经济。日本人机智地保持着弱势日元对强势美元的态势，加上我们替他们支付的巨额国防开支，日本正在走向世界经济最前端。

现在情况起了一些变化，日元对美元变得强势，于是日本人公开抱怨，而我们的政客正在奇葩地回应着这些无端抱怨。

是时候了！我们应该做的，是终结美国自己的巨额赤字，让日本和那些完全支付得起的国家买单。对那些国家而言，美国保护全世界的行动价值数千亿美元。何况美国保护的是他们，他们自己更加利益攸关。

让日本、沙特和其他国家为美国的盟友保护行动买单！这些国家已经变成前无古人的赚钱机器，是我们造就和培育了这些赚钱机器，让我们从他们身上拿一点出来，帮助我们的农民、病人，还有那些无家可归的人。应该被“征税”的，是这些富得流油的国家，不是美国。让我们结束巨额赤字，让我们给自己减税，不要再让我们的经济被他人的国防开支拖累。那些国家为自己的国防自由买单根本是小菜一碟。我们不要再折磨伟大的美国了！

诚挚的，

唐纳德·特朗普

附录二
1990 年《花花公子》专访特朗普问答部分

2017 年初，德国总理默克尔、日本首相安倍访美会见特朗普前，曾通过助手调出 1990 年《花花公子》对特朗普的专访，加以研读，以期了解特朗普的观点。本文为专访问答部分节选。作者译。

问：你从不羞于推销，让我们先玩个小游戏。特朗普大厦是______？

答：全世界最好的住宅楼。

问：大西洋城的泰姬陵赌场将成为______？

答：全世界最壮观的酒店赌场。

问：特朗普快线将成为______？

答：从华盛顿到波士顿的头号交通服务。

问：你公寓楼的销售情况是______？

答：最棒的。特朗普大厦和特朗普公园占纽约每平方英里最高销量的70%。

问：为什么？

答：很简单，人们知道自己即将入住的那栋楼，是开发商不遗余力去建造的，地段是最黄金的地段，材料和装饰是最顶级的水准。很多欧洲、日本的投资人都指挥他们手下，买楼就买特朗普的楼。有个日本投资人刚刚付我2000万美金，买下七套公寓，他要七合一，改成一整套公寓。

问：好吧。我们现在站在90年代最开端，人们说你是80年代浮夸、自大、贪婪的象征，你怎么看？

答：相对而言，富人没那么喜欢我，但工人喜欢我。工人知道我的一切都是靠努力工作挣来的，不是白白继承来的。我靠的是自己，我有权决定自己的做事方式。

问：大街上有那么多穷人，你炫富不觉得尴尬吗？

答：炫富一直都有，以后也还会有，直到衰退来临，当然衰退也一定会来临。我告诉你，炫耀是件好事。它告诉人们：你可以成功。它展现的是一种生活方式。电视剧《豪门恩怨》就是这样的。人就得渴望成功。而你之所以会渴望成功，就是因为你活生生看见一个成功人士站在你面前。

问：所以对你而言，舒舒服服地坐在你棕榈滩豪宅的一百多个房间里——

答：大家知道佛罗里达那栋房子只是生意。我自己很少用。我在一居室里也可以住得很开心。

问：噢，得了吧。

答：我说真的。那些房子、飞机，还有船，对我而言都只是投资。买下沙特富商卡舒吉的游艇花了我2900万美金，过两年，我会把它卖掉，卖到1亿，再买一艘更大的。

问：你在这世上为什么会需要更大的游艇？

答：我不需要。但说到卡舒吉那艘船，只有我把它卖掉，它才会升值。不管你相不相信，新的游艇会更加壮观，我把它放在大西洋城特朗普赌场前面，能带来巨大喝彩。

问：是什么吸引你去整这些炫目浮华的东西？

答：我在赌场里整炫目风，是因为人们怀抱这种期待，我就不会把特朗普城堡赌场建成 IBM 办公楼大厅那种风格。炫目风和赌城大西洋城很搭，但曼哈顿中城的广场酒店就被我恢复到 1907 年它最初的优雅了。所以我也不是在什么情况下都用炫目风。在我自己的住宅楼里，我有时候用闪光风，比炫目风要低调一级。

问：那所有这些游艇、黄铜大厦、赌场，对你真正的意义是什么？

答：一场秀的道具。

问：什么秀？

答："特朗普"秀，这些表演到哪里都被人抢购一空。我从中得到乐趣，我还会继续享受下去，我觉得大多数人也享受其中。

问：你觉得那些讨厌它的人是嫉妒吗？

答：他们随便吧——但大多数人喜欢它。

问：凯文·克莱[①]的财富不能望你项背，但他常常说他对自己的财富感到内疚。你呢？

答：这不是最主要的，不过我也会这样。

问：你听起来可一点都不内疚。

答：我真的有内疚感。我住得好，也很享受，但我知道很多人住得不大好。我有社会良知。我正在设立一个基金会，我会捐很多钱，我觉得人

① 美国富豪，Calvin Klein 品牌创始人。

们会尊重这件事。

问：你觉得自己贪婪吗？

答：不觉得。如果我贪，我就不会给慈善捐钱。我在纽约经营溜冰场不赚一分钱，我还捐掉自己书的版税。我每年向慈善捐款几百万。

问：你跟自己的员工怎么相处？

答：我每天早上都会检查特朗普大厦的中庭。走在其中堪称完美，每一样东西都闪闪发光。我是完全亲力亲为型的。我跟广场酒店和君悦酒店的杂工女仆们都处得很好。

曾经有一些聪明人问我，为什么要跟那些杂工和女仆说话。我不敢相信他们问出这个问题。让一切运转得有条不紊的，正是那些杂工女仆。如果他们喜欢我，他们工作起来会更卖力，而且我工资开得高。

问：总体说来，你怎么看待富人？

答：富人是伟大的幸存者，本质上他们分两类，一类是财富的继承者，一类白手起家。那些光继承财富、什么都不干的，总体说来胆小如鼠、患得患失，但谁又能怪他们呢？另一类则是伟大的冒险家，要么赚大钱，要么破产。

问：准确地说，从做生意当中，你得到的是一种什么样的满足感？

答：我热爱这个创造的过程。我做生意纯粹是因为乐在其中。但愿没有人比我做得更好。做成一笔大生意，这当中有一种美感。这就像我的画布，我喜欢在上面作画。

我喜欢挑战。有一个关于矿工儿子的故事，说矿工得了黑肺病，他儿子得了，儿子的儿子也得了。如果我是矿工的儿子，我就会离开那该死的煤矿。但大多数人没有这种想象力，没有“那个东西”去走出他们的煤矿。他们就缺乏“那个东西”。

问：什么东西？

答：一种才能，一种成为企业家、成为伟大的运动员、成为伟大作家的才能。你要么生来就有，要么一辈子没有。杰克·尼克劳斯[①]一生下来就有打高尔夫的才能。当然，才能这个东西，可能被磨砺到臻于完美，也可能被完全忽略。

问：你觉得你的孩子从你这儿继承“那个东西”了吗？

答：从数据统计看，我的孩子概率不高。成功人士的孩子一般都不大成功。他们没有那个合适的“噱头”。不到考验他们的时候，你永远都不知道。但我和我的孩子们相处得不错。

问：你觉得他们必须成功吗？

答：我希望他们跟我做生意，但那些孩子当中有 95% 会栽在复杂的大生意上。自信，智慧，噱头，少一样都没法成功。

问：即使有好的基因，你的孩子怎样才会觉得可以与你的成就比肩？

答：我不知道他们是不是非得这样。我希望他们维系就好，不要另起炉灶。我更乐意看到我的儿子成为一个伟大的经理，而不是伟大的企业家。

我的孩子们调节得很好。但我在想，当他们走进海湖庄园，看见闻所未闻、高出天际的天花板，他们在想些什么。还有我女儿，再过几年，她的约会对象到特朗普大厦来接她，看见起居室，他怎么可能觉得把她带出去、拿个一居室就能讨好她？

问：既然你已经先知先觉，有没有采取什么预防措施？

答：有点晚了。纸上谈兵也没什么用。

---

① 美国最成功的职业高尔夫球运动员之一。

问：你在皇后区长大，父亲是个严厉的工头。有人说他对你一直不满意。是这样吗？

答：百分之百错。我父亲一直非常认可我。他很喜欢我，我也一直都知道他喜欢我。但我想向他、向其他人证明，我有能力依靠自己取得成功。

问：你经常说起十几岁时候父亲叫你工作，教你认识钞票的价值。

答：我父亲从来没“叫”我工作，是我自己喜欢把暑假拿来工作。我理解不了那些成天坐在家里看电视的十几岁年轻人。他们跟人竞争的野心哪里去了？工作已经刻在我的基因里。

问：你哥哥死于酗酒引发的心脏病。他跟父亲的关系更困难一些？

答：同样的环境在不同孩子身上的影响可能截然不同。我们那种充满竞争感的家庭环境，对我哥哥是负作用。他被扔在一个十分艰难的环境里，对他而言，那是一场灾难。我跟他十分亲近，他去世的时候我很难过。那是我经历过的最艰难的光景。

问：你从他那儿学到什么？

答：（停顿）从没有人问过我这个问题。但他的死影响了后来的一切。我一直觉得我没有为此真正感谢过他。他是特朗普家的大儿子，我一直下意识地观察他的一举一动。

问：你得到的教训是？

答：我看到别人利用他，我得到的教训就是要从头至尾百分之百保持警惕。我哥哥不是这样，他察觉不到背后的东西，这是人生致命的错误。人们总是太信任别人。我是一个非常不信任别人的人。我一直下意识地研究他人。不管好还是不好，这是我的生活方式。

问：为什么？

答：我很怀疑别人，在工作中这是自我保护。我的信条是：很不幸，人都是自私的。眼下对很多人来说，喜欢我是有好处的。如果我的境遇没那么顺利，我的电话是不是就不会再响起？这些人的献媚是不是就会消失呢？

我喜欢考验友情。人生中的一切对我而言都是一场心理游戏，都是一系列挑战，你要么应付得来，要么应付不来。我一直都在考验那些在我手下工作的人。

问：怎么考验？

答：我把手下派去买主那里，让对方给他们提供私人旅游或者别的诱惑，以此考验他们的忠诚度。让我惊讶的是，那些最不可能在承包商那儿接受旅游贿赂的人接受了，一些最可能接受的人反而回绝。如果你不去考验，你永远都不会知道。从这个意义上说，人类是很有趣的。对我而言，友情只有在糟糕的境遇下才会得到真正的考验。

我本能上不相信很多人。但这对我是好事，不是坏事。如果我不愤世嫉俗，《花花公子》今天就不会在这里采访我。这一点是我从我哥哥身上学到的，我欠他很多。

问：你显然很自信。你做生意的时候怎么动用这种自信？

答：我相信正面思维，我也相信负面思维的力量。你应该为最坏的结果做好准备。我做生意的时候，总想知道最坏的结果是什么。如果所有糟糕的事情全都一起发生，我的战略是什么？如果我不想陷入那种境地，我就不做那单生意。我的态度就是专注在坏的一面，因为好的一面根本用不着操心。

问：你会把对手逼到什么程度？

答：我会无所不用其极。做生意的时候，要把对方逼到崩溃边缘，但又不能让他们崩溃，要把人逼到他们大脑还能对付的最高临界点。这才是一个好的商人，而有的人明明已经把对手逼到崩溃点了，还要往前再逼十五步。

问：如果最后你丢掉了这单生意呢?

答：那就是我把人逼得太狠了。我可能已经错了。不过我不会这么做。我把人逼到他能承受的最高点，我就占了上风。

问：在你做成生意、享受曝光的过程中，纯粹的自大有多大影响?

答：每一个成功者都很自大。

问：每一个成功者？包括特蕾莎修女？包括耶稣基督?

答：他们的自大远远超出你的理解能力。

问：包括教皇?

答：当然。自大没什么错。人需要自大，整个国家都需要自大。我觉得美国需要更加自大，因为美国已经被我们那些所谓盟友占尽便宜，包括日本、西德、沙特、韩国，他们的自大远远超越美国，他们管理着最庞大的金钱机器，他们就骑在我们背上。他们的产品更优越，因为他们有那么多补贴。

我们美国人在全世界受尽嘲笑，我们年年流失 1500 亿美金，我们守护着那些富得流油的国家，自己一无所获。如果不是我们，那些国家可能不到 15 分钟就会从地球上消失。然而我们的“盟国”渔利颇丰，挣了几十亿，将美国彻底秒杀。

问：你怎么看待日本经济的杰出表现？

答：日本有近七成石油来自波斯湾，护送这些油船的正是我们的驱逐舰、战舰、直升机和蛙人部队。这些日本人扬帆回家，把石油送进工厂，反过来打败福特、通用汽车、克莱斯勒。被他们公开坑骗实在丢脸。他们凭什么可以一毛不拔？日本人拿话哄我们，朝我们鞠躬，前脚告诉我们说我们有多伟大，后脚就从我们口袋里掏钱。就在他们笑我们蠢的时候，我们一年流失几千亿美金。

日本有伟大的科学家，造出的是汽车和录像机，我们也有伟大的科学家，造出的是导弹，用来保卫日本。我们白白付出成本，凭什么没人付钱给我们？日本人对美国是双重秒杀：他们先拿消费品换走我们所有钱，再拿这些钱买空曼哈顿。我们无论如何都是输。

问：你反对日本在美国买房地产？

答：我很尊重日本人，很多日本人是我朋友。不过如果你想在日本做生意，祝你好运，那是绝对不可能的。日本人却可以买我们的楼，买华尔街的公司，买得畅通无阻。事实上，在纽约竞标任何一栋楼都是徒劳无功的，因为日本人总会出高价，就为了秒杀我们。他们想要拥有曼哈顿。

当然，我不该抱怨，我是最大的受惠者之一。任何时候，我想出手任何资产，都能做成大生意。但这是一件很尴尬的事。在这一点上，我觉得日本人和日本领袖都是值得称颂的，他们让我们的领袖相形见绌，矮了一大截。

问：最近有一群日本访客来纽约，被问起在美国有没有什么想买的。他们的答案是：毛巾。

答：这就叫公平贸易：他们带走毛巾，我们买他们的车。在我听来这不是什么好交易。他们的智力完全碾压美国政客；他们对我们没有丝毫尊重，他们正在免费搭便车。当然，不仅仅是日本人或欧洲人这么干——沙特人、科威特人都踩着我们往前走。

问：阿拉伯人在你的赌场里也一掷千金，对吗？

答：他们在赌桌上输掉一两百万，但他们很高兴，因为他们周末过得太开心。如果你输掉一百万，你可能这辈子都不大好受。但他们还写信给我，告诉我他们玩得有多爽。

问：你在好几张知名报纸上买下整版广告，不仅表达对美国外贸的忧虑，还号召死刑。为什么？

答：因为我讨厌看到这个国家下地狱。全世界都在嘲笑我们。为了让我们的城市恢复法律秩序，我们需要死刑，需要恢复警察的权威。死刑广告发布之后，我收到 15000 封支持信。反对信只有 10 封左右。

问：你相信以眼还眼？

答：一个冷血杀手就该付出代价。他会成为一个例子。没人会否认死刑是一种震慑。要么我们迅速恢复死刑，要么社会腐坏殆尽。它现在正在腐坏殆尽。

问：几年前你被请去莫斯科，考察在那儿建造豪华酒店的事。你对苏联印象怎么样？

答：很不怎么样。他们的体制是一场灾难。你很快就会看到革命爆发。街头那些游行和警戒都是征兆。俄罗斯正在走向失控，他们的领袖对此心知肚明。这就是我不认可戈尔巴乔夫的地方。他不够铁腕。

问：为什么戈尔巴乔夫不够铁腕？

答：我预言戈尔巴乔夫会被赶下台，因为他表现得太软弱。突然间冲突四起，煤矿工人大罢工，这是前所未有的，这一切终将导致暴力革命。不过戈尔巴乔夫是个伟大的领袖，值得我们继续称颂，因为他正在毁灭苏联。但他的退让终将断送他和他的朋友们最为珍视的东西：权位。

问：你在苏联见了高层官员，商谈做生意的机会。他们是怎么打击你的呢？

答：这些人总体而言比我们的谈判代表们强悍得多，也聪明得多。我们国家也有这样的聪明人，但很不幸，他们没被选成官员。美国仍在承受轻视，这种轻视是从卡特政府时期开始的，我们的直升机前往伊朗解救美国人质，却在中途接连坠毁。

这就是卡特身上的象征意义。有一场马拉松比赛，他跑不动了，被人架下赛场去吸氧。我可不想看到我的总统在赛道上被人架下场。我可不想看到我的总统在访问奥地利的时候，从自己的专机上走下来，却摔倒在舷梯上。[①] 我们有一些总统蠢得让人难以置信。我们需要的是强悍。

问：你最喜欢的一个词就是“强悍”。你怎么定义“强悍”？

答：“强悍”不是说要全盘胜利，而是在精神上战胜对手，并且面带微笑地赢得战斗。

问：你有时候听上去就像一个出来煽动投票者的总统候选人。

答：我不想当总统。我会动用我的根基去帮助很多人，对我而言，篱笆那边的草并不总是更绿的。

问：但如果那边的草看起来的确更绿，你想加入哪个政党竞选？

答：如果我参选，我以民主党人身份参选会比共和党人身份表现得更好。这不是因为我更自由化，恰恰是因为我更保守。工人会选我。工人喜欢我。我走在大街上，那些出租司机都开始冲窗外大喊大叫。

问：再玩个游戏。特朗普总统进入椭圆形办公室会做的第一件事会是什么？

答：很多。强悍的态度会无处不在。我会向进入美国市场的梅赛德斯—奔驰车征税，我会向所有日本产品征税，我们会再次拥有出色的盟友。

---

① 指 1975 年 5 月，美国总统福特访问奥地利，在走下舷梯时摔倒。

问：你觉得乔治·布什软弱吗？

答：我很喜欢乔治·布什，我支持他，并且永远支持他。不过在他谈论一个更加和善、更加绅士的美国的时候，我不敢苟同。美国只要变得再和善、绅士一点点，它就得消亡了。在我看来，让卡尔·伊坎、罗斯·佩罗那样的商人去进行一些外交政策谈判，可以为美国赢得全世界的尊重。

问：特朗普总统对未来的长远看法会是什么？

答：我思考未来，但我拒绝描绘未来。什么事都有可能发生。但我总是思考核战争。

问：核战争？

答：我总是思考核战争问题，它是我思考过程中极其重要的因素。它是最终级的灾难，是这个世界的最大问题，但是没人去关心核问题的细节。这跟生病有点像。一个人除非真生病，否则总是不相信自己会得病，也没人想要谈论得病。我觉得最愚蠢的一点就在于，没人相信这一切会发生，大家都觉得既然人人都知道核的毁灭性有多大，没有人会真的使用核武器。这太扯了。

问：特朗普总统会怎么处理？

答：他会坚信庞大的军事实力。他不会信任任何人，不会信任俄罗斯人，不会信任美国盟友。他会拥有一个庞大的军事武器库，并且持续完善、理解这个武器库。

问：你为什么不考虑竞选总统？

答：我能把总统干得和别人一样好，甚至更好。但我希望乔治·布什能干好。

问：你一点都不想当总统？

答：我不想当总统。我百分之百确定。只有看到这个国家持续走下坡路的时候，我才会改变主意。

问：你参加了那么多活动、交易、推销，夜深人静时，所有记者离开后，你对你的成就心满意足吗?

答：我从不沉迷过去。沉迷过去的人会走下坡路。我从来都不会自我满足。人生说白了就是你在等死的时候在做些什么。这其实是一件挺悲伤的事。

问：人生？还是死亡?

答：都是。我们在这儿活个 60，70，80 年，然后离开。你赢啊赢啊，赢到最后毫无意义。不过正是你想做的那些事情，让你一直乐此不疲。

问：如果可以推倒重来，你会选择去哪个行业挣钱?

答：好问题。地球母亲身上有一种极好的东西，地球母亲本身就是地产。如果融资恰当，你其实并没有投入一分一厘。宣传、电影、广播，这些其实更困难，而且世上哪儿有那么多鲁伯特·默多克、士毅·纽豪斯、罗伯特·麦克斯威尔、亚瑟·苏兹贝格？我还会选择房地产。

问：股市呢?

答：股市是掷骰子赌博。房地产则是实实在在的。房地产是砖头，是砂浆。

问：你在采访中春风满面，魅力十足，但你反复提起“强悍”。你是不是在我们面前表演?

答：我觉得每个人身上都有某种过滤系统。我很公正，多年来在我手下工作的都是同一批人。很少有人离开我。但如果有人豁出去攻击我，追在我屁股后面，我的回击比他们的第一次出手要狠得多。他会为他出手付出代价。那些人永远不会再出手第二次。我不喜欢被人推得团团转，我也不喜欢被人利用。那正是我们国家面临的一大问题。美国正被所有人推得团团转……

问：还有你自己的“强悍”。

答：像我所说的，我研究别人。每一次谈判中，我都掂量自己需要表现得多强悍。我可以是个杀手，也可以是个好人。你得什么都是。你得强大，你得甜蜜，你得冷酷。但我不认为这其中任何一样可以靠后天习得。要么你生来就有，要么你一辈子没有。这就是为什么大多数孩子在学校里能得 A，在人生中却一败涂地。

问：你做生意是先有宏大规划，还是全部都是即兴的？

答：即兴成分比人们想象的要多得多。

问：当你的积累越来越多，会出现一个关于唐纳德·特朗普的核心问题：积累到多少就叫够了？

答：只要我还享受自己所做的，不厌倦，不厌烦，我就会继续。天高海阔，没有极限。

附录三
特朗普 2017 年重要资产清单

1. 特朗普大厦

地址：纽约曼哈顿第五大道 725 号

资产类型：办公与零售地产

特朗普拥有：244,000 平方英尺办公与零售面积

资产总值：$3.53 亿

债务：$1 亿

净资产值：$2.53 亿

在特朗普的财富帝国中，特朗普大厦的象征意义无与伦比，特朗普当选第 45 任美国总统后，这里成为全世界最出名的建筑之一。

2. 华尔街 40 号大楼

地址：纽约曼哈顿华尔街 40 号

资产类型：办公与零售地产

特朗普拥有：土地租赁权（至 2194 年）

资产总值：$5.45 亿

债务：$1.52 亿

净资产值：$3.93 亿

这栋 71 层高楼位于曼哈顿下城华尔街，始建于 1929 年，建成时是全世界第一高楼。1982 年，菲律宾前总统费迪南德・马科斯夫妇秘密买下这栋楼。四年后，菲律宾 2 月革命爆发，马科斯政权倒台，这栋楼作为他的财产被美国政府充公拍卖。其后大楼几易其主，直到 1995 年特朗普低价接手。关于这栋楼，特朗普有段评论令他饱受指责。9・11 当天，特朗普在接受电视采访时说："世贸中心倒了，现在华尔街 40 号又是市中心第一高楼了。"

3. 美洲大道 1290 号大楼

地址：纽约曼哈顿美洲大道 1290 号

资产类型：办公与零售地产

特朗普拥有：30% 股权

资产总值：$21 亿

债务：$9.5 亿

净资产值：$3.47 亿

1994 年，特朗普在曼哈顿上西城哈德逊河边有一块 78 英亩的土地被债务套牢。特朗普说服几位香港富豪买下那块地，替他承担 2.5 亿美元债务，同时分给他 30% 股权。12 年后，香港投资人以 17.6 亿美元的价格卖掉这一地产，用所得的钱购买美洲大道 1290 号和旧金山加利福尼亚街 555 号两栋美国银行大楼。

香港投资人卖掉地产项目后，特朗普将几人告上法庭，认为他们事先没有征求自己意见，贱卖河滨地产。官司打得旷日持久，最终特朗普败诉。由于出售地产的收益已经用于再投资，特朗普拿不到现金，不得不接受两栋美国银行大楼的 30% 股权。2007 年，香港投资人以 18.1 亿美元价格将 70% 股权卖给沃拿多房产信托公司。

4. 旧金山加利福尼亚街 555 号大楼

地址：旧金山加利福尼亚街 555 号

资产类型：办公地产

特朗普拥有：30% 股权

资产总值：$16.9 亿

债务：$5.8 亿

净资产值：$3.33 亿

这里就是当初特朗普与香港投资人交易的另一部分。特朗普的起诉迫使这些香港富豪在法庭上出示的文件达 16.6 万多页。特朗普还控告他们诈骗、逃税等。在纽约房产界经纪人眼中，这是特朗普一宗输得极为划算的官司，因为两栋大楼后来资产值飙升，特朗普持有的股权成为他名下最昂贵资产之一。

2015 年 6 月，特朗普宣布竞选美国总统时，在讲话中提及这笔交易。他的表述是："我拥有美洲大道 1290 号美国银行大楼的很大一部分，那正是一场大战中我从中国手里得来的。非常值钱。"在接受采访时，他请媒体带话给当初的香港投资人，"我非常尊敬他们"。

5. 耐克城

地址：纽约曼哈顿东 57 街 6 号

资产类型：零售地产

特朗普拥有：土地租赁权（至 2079 年）

资产总值：$2.53 亿

债务：$0

净资产值：$2.53 亿

该处物业就在特朗普大厦旁边，1995 年起被耐克公司租来开旗舰店。特朗普当时成功说服两位土地所有人，允许耐克公司把两块地打通，修建单体建筑。在特朗普名下的地产中，这里因地处曼哈顿黄金街区，租金十分可观。

6. 特朗普公园大道公寓楼

地址：纽约曼哈顿公园大道 502 号

资产类型：住宅与零售地产

特朗普拥有：17 套公寓，部分零售面积

资产总值：$1.8 亿

债务：$1400 万

净资产值：$1.66 亿

这栋 35 层高楼始建于 1929 年。2002 年特朗普接手时，将原先的酒店改造成 120 套共管公寓，从一居室到整层套房一应俱全。顶层一套四卧公寓中，曾经住着特朗普大女儿伊万卡一家。她在楼里另有一套两卧公寓。2017 年初，伊万卡、库什纳和三个孩子迁入华盛顿新居。搬迁前一个月，她的两卧公寓以 410 万美元挂牌出售。

毗邻曼哈顿第五大道的东 56 街上，是特朗普大厦和耐克城的南门。由于大厦顶层的复式豪宅里住着总统家人，纽约市警察局（NYPD）负责这里的安保，每天的安保费用被曝约 30 万美元。 | 作者摄影

曼哈顿公园大道 502 号特朗普公寓大楼。 | 作者摄影

7. 特朗普公园公寓大楼、特朗普公园东公寓大楼

地址：纽约曼哈顿中央公园南 106 号、100 号

资产类型：住宅与零售地产

特朗普拥有：部分公寓与零售面积

资产总值：$4700 万

债务：$0

净资产值：$4700 万

1981 年，特朗普买下两栋俯瞰中央公园的大楼。他打算把楼拆除，新建一栋摩天大厦。当时这两栋旧楼中一栋是酒店，一栋是公寓，租客们享受纽约的租金管制政策。特朗普与租客的斗争旷日持久，他痛斥这些廉租客是一群钻政策空子的“百万富豪”，“穿着貂皮大衣，开着劳斯莱斯”。租客则反击说：“我们根本不需要特朗普朝我们大楼外墙上贴金。”

特朗普最终放弃了拆楼的想法，与租客们达成协议。1988 年，两栋大楼被改造为共管公寓楼，一些廉租客则继续住着。东大楼两套顶层公寓的所有人，是特朗普的二儿子埃里克。

8. 纽约特朗普国际酒店

地址：纽约曼哈顿中央公园西 1 号

资产类型：酒店，住宅与零售地产

特朗普拥有：零售面积，车库面积，部分公寓面积

资产总值：$3900 万

债务：$700 万

净资产值：$3200 万

大楼始建于 1969 年，位于曼哈顿哥伦布圆环边，毗邻中央公园。1994

年特朗普接手时，这里是通用电气公司办公大楼。特朗普将大楼下半部分改造成酒店，上半部分改造成 200 套共管公寓。为了迎合亚洲买主，特朗普从唐人街请来风水师，评估大楼的选址和朝向。在风水师的建议下，特朗普在楼前安装巨型金属地球仪，以此转移哥伦布圆环带来的交通负能量。金属地球仪成为酒店的一大标识。

9. 第三大道特朗普广场

地址：纽约市曼哈顿东 61 街 167 号

资产类型：住宅与零售地产

特朗普拥有：土地租赁权（至 2082 年）

资产总值：$4500 万

债务：$1400 万

净资产值：$3100 万

这栋公寓大楼位于第三大道和东 61 街交叉口，特朗普于 1982 年建楼，1984 年完工。和特朗普名下多数共管公寓楼不同，这是一栋合作公寓楼。在纽约，合作公寓的产权归股份公司所有，买主实际购买到的不是产权，而是公司股份。买主需要经过公司董事会审批。外国人的购买申请一般无法通过。

10. 特朗普世界大厦

地址：纽约曼哈顿联合国广场 845 号

资产类型：住宅与零售地产

特朗普拥有：零售面积，车库面积，部分公寓面积

资产总值：$2300 万

纽约特朗普国际酒店金属地球仪前，抗议特朗普政府移民政策的游行人群。 | 作者摄影

特朗普世界大厦临近曼哈顿东区联合国广场，住客中不乏政要名流。丨作者摄影

债务：$0

净资产值：$2300 万

特朗普于 1997 年购得此处资产，他还买下附近日本协会、天主教圣家堂等七栋建筑的上空使用权。旧楼只有 18 层高，特朗普将其改建为 72 层摩天大楼，完工时是当时全世界最高的住宅楼。大楼临近联合国总部，住客中不乏政要名流。

11. 布鲁克林春溪阁

地址：纽约布鲁克林区宾夕法尼亚大道 1255 号

资产类型：廉租房

特朗普拥有：4% 股权

资产总值：$8.5 亿

债务：$3.87 亿

净资产值：$1800 万

这一片 46 栋楼里有 5881 间廉租房，享受政府补贴。特朗普的父亲曾在纽约布鲁克林和皇后区修建两万套廉价公寓，不过特朗普的斗志不在郊区，而在纸醉金迷的曼哈顿。随着年月推移，特朗普家族渐渐变卖郊区资产，春溪阁 4% 股权是特朗普从父亲那里继承的唯一资产。

12. 拉斯维加斯特朗普国际酒店

地址：拉斯维加斯时尚秀大街 2000 号

资产类型：酒店，住宅地产

特朗普拥有：50% 股权

资产总值：$1.77 亿

债务：$1800 万

净资产值：$7900 万

1990 年代，特朗普在大西洋城的赌场酒店项目饱受破产重组的噩运困扰。相形之下，他在另一座赌城拉斯维加斯的运气要好得多。拉斯维加斯特朗普国际酒店于 2008 年开业，外墙贴满 24K 金玻璃。特朗普和他的亿万富豪好友、拉斯维加斯赌场大亨菲尔·鲁芬各占 50% 股权。

13. 华盛顿特区特朗普国际酒店

地址：华盛顿特区宾夕法尼亚大道 1100 号

资产类型：酒店

特朗普拥有：77% 的土地租赁权（至 2075 年）

资产总值：$2.38 亿

债务：$1.7 亿

净资产值：$5200 万

这栋楼有 120 年历史，是典型的罗马式建筑，在过去一个世纪中几度逃脱被拆毁的命运。2013 年，特朗普取得 60 年土地租赁权，着手将大楼改造成豪华酒店。2016 年 9 月，酒店开业。随着特朗普走马上任，酒店成为政客富豪与社会名流的社交心脏。

14. 芝加哥特朗普国际酒店

地址：芝加哥北沃巴什街 401 号

资产类型：酒店，住宅与零售地产

特朗普拥有：零售面积、部分酒店资产

资产总值：$1.01 亿

债务：$9500 万

净资产值：$600 万

真人秀《学徒》第一季的胜出者比尔·兰奇克最终选择的工作，就是在芝加哥管理这栋大楼的建造。酒店共 92 层，位于芝加哥河畔，2008 年开业。特朗普曾因酒店外墙上巨大的特朗普标识与芝加哥市长发生口角。该市后来专门出台条例，限制滨河步道沿途类似标识的数量和大小。

15. 特朗普酒庄

地址：弗吉尼亚州夏洛茨维尔布伦海姆路 3550 号

资产类型：酒庄

特朗普拥有：全部资产

资产总值：$3000 万

债务：$0

净资产值：$3000 万

酒庄位于蓝岭山脉的丘陵地带，占地 2000 英亩，由特朗普次子埃里克经营。酒庄内有葡萄园、精品酒店，以及一座酿造红葡萄酒、白葡萄酒和起泡酒的酒厂。

这里原是女富豪帕特丽夏·克鲁格的葡萄酒庄。她是已故美国首富约翰·克鲁格的前妻，离婚时分得数亿美元资产，“最贵离婚案”曾轰动一时。但她投资失败，负债累累，一度向老友特朗普求救。2011 年，克鲁格集团破产，特朗普在竞拍中以极低价格收购这座酒庄。

16. 南卡罗来纳州斯塔克工业园

地址：南卡罗来纳州查尔斯顿佩斯街 4280 号

资产类型：工业仓库

特朗普拥有：全部资产

资产总值：$400 万

债务：$0

净资产值：$400 万

该处为 2016 年新置资产。

17. 美国境内 10 座高尔夫球场

资产类型：高尔夫球场

特朗普拥有：全部资产

资产总值：$2.22 亿

债务：$1800 万

净资产值：$2.04 亿

特朗普在美国境内拥有 10 座高尔夫球场，从加利福尼亚的海岸悬崖、佛罗里达西棕榈滩，到纽约的哈德逊山谷、新泽西的寂静农庄，球场遍布风景宜人之地。特朗普曾在自传中将打高尔夫球列为自己东山再起的“十大要诀”之首：“打高尔夫球有助于放松，有助于集中注意力，它让我忘记所有麻烦，唯一念头就是把球打进洞里。”

18. 迈阿密多拉特朗普国家高尔夫度假村

地址：佛罗里达州迈阿密多拉 87 大道 4400 号

资产类型：高尔夫度假村

特朗普拥有：全部资产

资产总值：$2.65 亿

债务：$1.25 亿

净资产值：$1.4 亿

1959 年，一名纽约开发商在迈阿密买下 2400 英亩沼泽地。他用妻子多拉的名字为这里命名，将其中 800 英亩建为多拉度假村。度假村数易其手，2007 年，摩根斯坦利以 5 亿美金价格买进。旋即楼市崩溃，度假村陷入债务泥沼。2011 年，华尔街对冲基金大佬约翰·保尔森等人前来收购，不过仍然未能解决债务问题。不久，多拉度假村宣告破产，特朗普派女儿伊万卡作为首席谈判代表参与竞标。伊万卡历经波折，最终将项目拿下。

19. 苏格兰、爱尔兰高尔夫球场

资产类型：高尔夫球场

特朗普拥有：全部资产

资产总值：$6300 万

债务：$0

净资产值：$6300 万

特朗普在爱尔兰的高尔夫球场位于克莱尔郡海滩。在苏格兰，他的两座球场分别位于坦艾尔郡和阿伯丁郡。特朗普与苏格兰颇有渊源，他母亲出生于苏格兰高地路易斯岛。1930 年，18 岁时的她怀揣 50 美元，从苏格兰一路来到纽约。1936 年，她嫁给德国移民后代、特朗普的父亲弗雷德·特朗普。

20. 海湖庄园

地址：佛罗里达州棕榈滩南大洋路 1100 号

资产类型：私人俱乐部

特朗普拥有：全部资产

资产总值：$1.6 亿

债务：$0

净资产值：$1.6 亿

1920 年代，美国社会名流、通用食品女继承人玛荷丽·梅莉薇德·波斯特建造了海湖庄园，庄园共有 126 个房间。1985 年，特朗普以 500 万美元价格购入，随后十年间将它打造为私人俱乐部。俱乐部会员中有许多亿万富豪，其中不乏特朗普的老友。2005 年，特朗普与现任夫人梅拉尼娅的婚礼在这里举行。

特朗普当选后，海湖庄园人气飙升，资产值也跟着上涨。特朗普将海湖庄园称为“冬季白宫”。

21. 特朗普大厦顶层豪宅

地址：纽约曼哈顿第五大道 725 号

资产类型：私人住宅

特朗普拥有：11,000 平方英尺私宅

资产总值：$6400 万

债务：$0

净资产值：$6400 万

特朗普大厦的最高三层，是特朗普个人的三层复式豪宅，一部私人电梯从这里直通特朗普的 26 层办公室。1980 年代初，特朗普大厦完工，特朗普一家住进顶层一套三居室里。1985 年，特朗普前往第五大道奥林匹克大厦参加沙特富豪卡舒吉的家宴，卡舒吉的豪宅之大令他叹为观止。特朗普在自传中称，他回家后立刻着手修建三层复式豪宅，改造工程耗时两年，但他从中获得乐趣无限。2017 年 1 月，特朗普搬往白宫后，顶层豪宅里住着第一夫人梅拉尼娅和他们的儿子巴伦。

2017 年《福布斯》在评估特朗普财产时称，特朗普多年来一直夸大豪宅数据，称“面积达 33000 平方英尺，价值 2 亿美金”，然而根据相关文件，实际数据应当只有特朗普公开数据的三分之一。

22. 七温泉豪宅

地址：纽约州威斯特彻斯特郡

资产类型：私人住宅

特朗普拥有：全部资产

资产总值：$3000 万

债务：$650 万

净资产值：$2350 万

七温泉别墅占地 230 英亩，分跨纽约威郡三个小镇。美联储前主席尤金·迈耶于 1933 年至 1946 年间建造了这座乡间别墅。1996 年，特朗普以 750 万美元价格购入该别墅。多年来，这里一直是特朗普孩子们的消夏去处。

23. 佛罗里达州棕榈滩两栋豪宅

地址：佛罗里达州棕榈滩

资产类型：私人住宅

特朗普拥有：全部资产

资产总值：$1500 万

债务：$0

净资产值：$1500 万

两处私宅临近海湖庄园，均于 1993 年购入。

24. 卡农北道 809 号豪宅

地址：加州比弗利山卡农北道 809 号

资产类型：私人住宅

特朗普拥有：全部资产

资产总值：$1100 万

债务：$0

净资产值：$1100 万

特朗普于 2007 年购入该豪宅，面积达 5395 平方英尺。

25. 圣马丁岛豪宅

地址：加勒比海圣马丁岛

资产类型：私人住宅

特朗普拥有：海滨庄园

资产总值：$1500 万美元

债务：$0

净资产值：$1500 万美元

特朗普于 2013 年购入该豪宅。

26. 私人飞机

特朗普拥有：全部资产

资产总值：$3000 万

债务：$0

净资产值：$3000 万

特朗普拥有一架 1991 年产的波音 757 客机、一架 1997 年产的塞斯纳奖状 10 商务喷射机，以及三架直升机。机身皆有“特朗普”标识。三架直升机中，两架是 1989 年产的塞考斯基 S-76B，另一架是后来追购的 1990 年产塞考斯基 S-76B。

27. 现金 / 流动性资产

资产类型：私人资产

资产总值：$1.3 亿

28. 特朗普品牌产品授权

资产类型：消费者产品授权

特朗普拥有：全部资产

资产总值：$600 万

债务：$0

净资产值：$600 万

获得授权使用特朗普品牌的产品种类涵盖家居、男装、咖啡、矿泉水、香水等。

29. 特朗普品牌酒店管理与授权

资产类型：管理和 / 或授权协议

特朗普拥有：全部资产

资产总值：$1.9 亿

债务：$0

净资产值：$1.9 亿

这里指的是获得授权使用特朗普品牌或邀请特朗普方面参与管理的酒店项目。除美国境内相关项目外，还包括在乌拉圭、印尼和巴拿马等地的项目。

资产数据来源：《福布斯》，数据截至 2017 年 10 月。